FORÇATS DE L'OCÉAN

LIONEL MARTIN

FORÇATS DE L'OCÉAN

La grande pêche
de Terre-Neuve aux Kerguelen

avec la collaboration
de Pierre Cherruau

Hermé

Si vous souhaitez être tenu au courant
des publications de l'éditeur de cet ouvrage,
il vous suffit d'adresser votre carte de visite,
ou vos nom et adresse, à :
Éditions Hermé, 3, rue du Regard, 75006 Paris.
Vous recevrez régulièrement, sans engagement de votre part,
nos catalogues et bulletins d'informations
sur toutes nos nouveautés.

Direction éditoriale : Jean-Jacques Brisebarre
Fabrication : William Baguet, Claire Svirmickas
Maquette de couverture : Daniel Leprince

3, rue du Regard, 75006 Paris
ISBN : 2-86665-022-0

Ce livre est dédié à tous ceux qui ont souffert sur les bancs de Terre-Neuve et surtout à ceux qui n'ont pas eu la chance d'en revenir.

Au petit matin d'un jour ordinaire

Aucun marin ne me contredira : quitter Bordeaux par le fleuve, appareiller pour une campagne de trois ou quatre mois, n'a rien de comparable à ce que l'on peut ressentir au départ d'un autre port comme Saint-Malo, Boulogne, Fécamp, Saint-Jean de Terre-Neuve, Halifax ou Saint-Pierre. Ici, à Bordeaux, les choses se passent d'une manière étrangement feutrée, sur un quai presque désert au cœur d'une ville indifférente.

C'est à croire qu'on y accueille les marins et leurs bateaux comme un mal nécessaire, comme complément indispensable d'un négoce qui a fait la fortune de la ville. Tout se passe comme si l'on préférait ne pas trop en entendre parler, comme si on rendait les marins et les bateaux responsables de l'aspect du port de 1985, qui n'a rien à voir avec celui des trois siècles précédents. Comme si on tolérait une aimable survivance du passé inutile pour construire l'avenir.

La grande fourmilière des quais a laissé la place à une voie routière qui ne réussit même pas à être rapide. Les hangars se sont peu à peu vidés depuis la dernière guerre. La forêt de mâts du port de la Lune a été balayée par l'ouragan du progrès, effacée par la banale platitude d'un fleuve limoneux qui n'incite même plus les Bordelais à la promenade et à la rêverie. Comme si, de ce lieu, l'aventure ne pouvait plus prendre son envol.

Le trafic portuaire a été reporté en aval, loin de la vieille ville marchande, à Bassens, faubourg ouvrier, et au Verdon, port neuf au débouché de l'estuaire de la Gironde.

Les Bordelais se souviennent-ils de l'époque où leur port était le plus grand centre morutier français ? Cela, ils le devaient à l'excellente qualité des sécheries de Bègles et de Lormont ainsi qu'à la proximité des marchés espagnols, portugais et africains. Les armements étaient rarement d'origine bordelaise, surtout avant 1914; malgré tout, des centaines de goélettes remontaient chaque année l'estuaire pour débarquer la morue d'Islande, de Terre-Neuve ou du Groenland. Les sécheries ont disparu avec la congélation et ne subsiste plus à Bordeaux qu'un seul armement : la S.N.P.L., Société nouvelle de pêches lointaines.

Fondée en 1977 à partir de ce qui restait des Pêcheries de Bordeaux-Bassens et de la Pêche au large, cette société constitua le premier armement français de grande pêche et devint une entité économiquement viable. Sans ce regroupement il ne resterait plus rien de la grande pêche bordelaise.

Il est vrai qu'à Bordeaux, hormis deux ou trois personnes, tout le monde s'en fout. Il suffit d'appareiller au petit matin d'un jour ordinaire pour s'en rendre compte.

Les choses se passent à l'écart, dans la partie la moins vivante du port, le bassin à flot. Si l'on excepte les navires de la S.N.P.L., ce bassin ne sert plus qu'à quelques bateaux venus panser leurs blessures ou attendre un hypothétique acheteur, le plus souvent un ferrailleur s'il se présente avant que la rouille n'ait achevé le travail. Pour les bateaux, le bassin à flot est un peu le pavillon des cancéreux. Chaque port de quelque importance possède un endroit de ce genre.

On y entre et on en sort d'autant plus difficilement que les navires doivent emprunter une écluse qui coupe la circulation des quais de la Garonne, ceux du quartier des Chartrons, l'un des axes routiers les plus encombrés de Bordeaux. On a toujours le pénible sentiment d'imposer une cérémonie interminable, une manière particulièrement peu élégante de se rappeler au bon souvenir des Bordelais.

Ce malaise se trouve renforcé par le mauvais entretien des lieux. Dans le sas de l'écluse ou dans le bassin lui-même, l'hélice doit parfois brasser des tonnes de vase. Il faut alors se frayer son chemin en ayant l'impression d'être dans un traîneau. Il y a peu, on prêtait au Port autonome de Bordeaux l'intention de fermer ses deux bassins à flot et de les combler. La vase risquait de le faire elle-même avant qu'une décision ne soit prise. Des travaux ont été effectués, mais si tardivement qu'on peut se demander si la vase n'a pas été choisie comme intermédiaire pour nous prier d'aller faire voir nos bateaux ailleurs.

Un lieu clos par des grillages rouillés, écrasé par l'énorme masse d'une base sous-marine construite par les Allemands, parsemé de hangars qui ne sont même plus susceptibles d'intéresser une entreprise de démolition, piqué de squelettes de grues, voilà le coin des terre-neuvas de Bordeaux au fond du premier bassin à flot.

Mais il suffit que nos quatre navires soient à quai pour que l'endroit reprenne vie. Ils sont superbes!

Blanc et vert, dessinés comme des bêtes de course, ils ont été construits et carrossés en Italie, et leur tenue à la mer est excellente.

Les aléas de la pêche le permettent rarement, mais avec un peu de chance vous pouvez voir à quai, en même temps, les quatre bateaux de la S.N.P.L., le *Zélande, l'Islande,* le *Commandant-Gué* et le *Finlande.* Construits sur le même modèle, ils ont un peu plus de dix ans, et constituent le fin du fin en matière de grande pêche, le rêve de tout capitaine.

De ces quatre bateaux frères, j'en ai commandé trois mais, allez donc savoir pourquoi, le *Zélande* est mon préféré. Non qu'il m'ait davantage porté chance que les autres, mais sans doute parce que les bateaux ont une âme ou, à défaut, du tempérament.

Aujourd'hui, dans ce décor pour nuit et brouillard, c'est un départ comme les autres. Je suis parti de chez moi, à Saint-Malo, il y a trois jours. Comme à chaque départ je conduisais, ma femme assise à mes côtés faisait fonction de copilote-secrétaire, un carnet sur les genoux. J'effectuais une revue de détail du matériel à embarquer. Je cherchais au fond de ma mémoire quel instrument m'avait un jour manqué. Au fur et à mesure, elle prenait des notes.

Cette ultime revue est indispensable. Une fois en mer, il n'est plus question d'aller chez le quincaillier ou le pharmacien du coin. Notre usine, c'est l'Océan, la solitude et l'infini.

Quand je pars, je suis toujours d'une humeur exécrable. Sans doute parce que les soucis du départ s'ajoutent à la peine de la séparation à venir. Peut-être aussi parce que la mauvaise humeur ambiante permet de larguer plus facilement les amarres. Ma famille est habituée à ce rituel. Et pendant les quelques jours passés à Bordeaux avant l'appareillage je ne suis pas bon à prendre non plus. Cela provoque parfois des altercations violentes, par exemple lorsque je m'aperçois que des commandes de matériel n'ont pas été embarquées, que des travaux n'ont pas été effectués ou mal exécutés.

Un voyage doit se préparer avec le plus grand soin. On

ne peut rien laisser au hasard. Nous devons mettre toutes les chances de notre côté.

Aujourd'hui, un de mes hommes, convoqué à l'avance pour assurer l'embarquement du matériel, s'est saoulé au lieu d'effectuer son travail. Lors du précédent voyage, il avait profité d'une escale pour déserter. Je l'avais repris en le prévenant qu'il n'aurait pas de deuxième chance. J'ai tenu parole et l'ai prié de mettre son sac à terre. Sans un mot il a repris l'échelle de coupée, pour lui la campagne est terminée.

Deux règles sont essentielles dans notre vie de marin, le travail et la discipline. Le travail, nous l'avons compris dès notre apprentissage et, le plus souvent, nous y avons été préparés par tradition familiale. La discipline, nous savons tous qu'elle est indispensable, mais sur un bateau elle relève davantage de l'esprit d'équipe que des coups de gueule.

C'est avec tristesse que je regarde ce matelot debout au bord du quai, entre ses valises, comme s'il attendait un repêchage de dernière seconde. Avec tristesse, mais sans regret, car cet exemple était indispensable.

Pendant plusieurs jours on a rempli les soutes et les magasins. Grutiers et shipchandlers s'affairent encore autour du bateau pour les dernières livraisons. L'autocar parti cette nuit de Saint-Malo est arrivé il y a une heure; il a déposé au pied de la passerelle une quarantaine des cinquante-quatre marins de l'équipage. Ils sont montés à bord avec leur paquetage, presque en silence, comme s'ils étaient à peine réveillés.

Deux ou trois hommes sont redescendus aussitôt pour filer vers un petit bar de la rue Lucien-Faure. Du quai on voit ses petites lampes rouges et blanches clignoter de l'autre côté du grillage. Ces lampes ne brillent plus guère qu'à l'occasion de nos départs, pour des visites-éclair qui n'ont rien à voir avec les bordées d'antan.

L'autocar fut un sale coup pour les bars et les filles du port. Aujourd'hui, l'équipage n'a que le temps de s'embarquer et ne peut plus s'égailler dans tous les bistros des quais. A Bordeaux, il y en avait sur des kilomètres.

Comme à chaque départ, une quinzaine de voitures sont rangées sur le quai. Il y a celles de l'armement, celles des fournisseurs, deux ou trois taxis et celles de quelques familles de marins pour la plupart immatriculées en Ille-et-Vilaine.

De petits groupes sont agglutinés, debout et silencieux. Ils regardent le bateau comme s'ils en attendaient quelque chose. Un homme qui travaille sur le pont ne voit pas, ou ne veut pas voir la main qui lui fait signe, il a déjà largué les amarres. Une voiture se glisse rapidement le long de la masse de la coque, part presque furtivement, comme on écrase une larme.

Un marin blond monte avec un gamin de deux ans; il lui laisse jeter un regard circulaire sur le désordre hostile du pont, puis le redescend. Blotti contre l'épaule de sa mère l'enfant pleure. Trois fois le père revient pour le consoler, esquisse un geste maladroit, bafouille quelques mots et remonte comme un coupable. Jusqu'à la fin, appuyé sur le bastingage près de l'échelle de coupée, il regarde sa femme et son fils terrés dans la voiture. Ils sont muets eux aussi. Tous se regardent si intensément qu'ils ne semblent plus se voir.

Précis comme un chef de gare, le pilote qui nous accompagne dans l'estuaire arrive à 10 heures. Une douzaine d'hommes remontent l'échelle de coupée. Elle va aller aux oubliettes pour quelques mois, à moins qu'un blessé ne nous la fasse ressortir.

Le remorqueur nous tire lentement vers l'écluse, tandis que nous traçons un sillon noir d'encre. Nous avançons si précautionneusement que, sur le quai, les gens peuvent nous suivre à pied. Bientôt il ne reste plus qu'un homme à l'endroit que nous venons de quitter, raide entre ses deux valises, un matelot débarqué qui ne comprend pas encore très bien ce qui lui est arrivé.

Au passage de l'écluse, on peut encore communiquer depuis le pont du bateau avec ceux qui nous ont suivis à terre. On nous passe les derniers paquets : des cassettes vidéo qui n'avaient pas été livrées. Le pont est déjà presque désert et dans les entrailles du bateau la vie, le travail, ont commencé.

Une fois franchi la dernière porte de l'écluse, quand son étrave s'enfonce comme un coin dans l'eau rouille de la Garonne, le *Zélande* lance ses trois coups de sifflet. Trois coups déchirants à l'intention du petit groupe figé au bord du quai. Trois coups à l'intention de la ville qui paraît endormie, étalée dans son indifférence.

Quand on est à bord d'un bateau qui part pour la grande pêche, on se dit qu'il n'est pas possible que les Bordelais et la France entière ne les entendent pas. Ils nous ont si souvent déchiré le cœur, à nous seuls les terre-neuvas, qu'il nous arrive de nous demander si nous sommes des marins du XXe siècle embarqués sur des bateaux modernes ou les passagers clandestins d'un vaisseau fantôme.

Hors cul !

Je n'ai jamais pu remonter l'estuaire de la Gironde sans penser au mousse qui avait embarqué sur le *Finlande,* le 15 février 1952. L'aventure avait commencé la veille par un pénible voyage entre Saint-Malo et Bordeaux. Dix équipages, environ cinq cents hommes, avaient pris le train. Il y avait ceux du *Finlande,* du *Jutland,* du *Bassilour,* du *Président-Houduce,* du *Victoria,* du *Pierre-Vidal,* du *Magdalena,* de l'*Anita,* de l'*Islande* et, je crois, ceux du *Louis-Legasse.*

Ils avaient quitté la cité corsaire vers 19 heures et au changement de Redon les trois quarts d'entre eux, fin saouls, mettaient une sacrée ambiance. Les sacs et les valises avaient bien du mal à tenir sur les épaules des plus robustes. J'ai compris tout de suite qu'il ne fallait pas rire de ces hommes, qu'ils avaient simplement voulu cacher ou noyer leur chagrin. Les autres étaient discrets et renfermés, taciturnes, repliés.

Dans le Redon-Bordeaux quelques-uns se sont tout de suite allongés dans les couloirs, la tête sur leur sac. Un homme que j'avais vu monter à La Fresnais avait déjà ses bottes aux pieds. Par curiosité, j'essayais de faire l'inventaire du train. Les terre-neuvas étaient répartis dans une bonne dizaine de voitures. Les autres voyageurs avaient pris la fuite à la vue des bouteilles de cidre, de gros rouge ou de calvados sorties des valises. De toute façon, ils n'auraient pas résisté à l'odeur des casse-croûte d'andouille, de lard ou de saucisse, sans parler de cette autre spécialité bretonne qui consiste à manger des rondelles d'échalote sur de la mie de pain.

Quand j'ai retrouvé mon compartiment où m'attendaient deux gars du pays, ma valise avait été descendue du filet à bagage. Un marin dormait à sa place.

— Il va se faire engueuler par le contrôleur, m'inquiétais-je.

— T'en fais pas, il ne viendra pas, me répondit-on.

De fait, aucun employé de la S.N.C.F. n'a montré le bout de son nez de tout le trajet. Je m'en suis étonné.

— Il y en a un qui est venu, il y a trois ans. Au premier wagon, il a abandonné, mais il a dit qu'il allait faire stopper le train. Nous lui avons dit de ne pas se gêner, que cela nous ferait une journée de congé supplémentaire. Nous ne l'avons plus jamais revu.

A La Rochelle, la portière s'est ouverte et deux aviateurs sont montés dans notre compartiment. Les pauvres n'auraient jamais dû faire ça!

— Montrez-nous vos mains.

— Ce sont des mains de fainéants!

Ils ont été débarqués à Rochefort, après un voyage court mais chahuté, sans cravate ni casquette. Ils ont dû maudire ces voyous de marins. Je savais que nous valions mieux que cela, qu'il ne fallait pas nous juger là-dessus. Mais pour moi, le môme, il s'agissait quand même d'un spectacle extraordinaire.

A Bordeaux un camion bâché des Pêcheries de Bordeaux-

Bassens nous attendait devant la gare Saint-Jean. Nous sommes arrivés vers 5 heures du matin. J'avais pris la précaution d'expédier mes valises deux jours à l'avance, je pus donc récupérer mes sacs à la consigne et faire partie du premier voyage. Les autres attendirent le retour du camion jusqu'à 9 heures et tuèrent le temps en prenant des « mics », des cafés arrosés d'alcool qui achevèrent les moins atteints.

Contrairement à beaucoup d'armements, le nôtre était large et généreux. On s'en apercevait dès la deuxième étape du voyage, lors du remboursement des frais. C'est grâce à cela que les capitaines des Pêcheries de Bordeaux-Bassens n'avaient pas trop de mal à former leurs équipages. Les frais perçus, des hommes se précipitaient dans les bordels des alentours. Deux de ces établissements encadraient les portes de la compagnie, des dizaines d'autres étaient disséminés tout autour, dans le quartier de Bacalan et sur le quai des Chartrons.

Nous devions ensuite aller toucher notre matériel de couchage : deux couvertures et un polochon verdâtre. Les draps étaient inconnus sur les chalutiers classiques. L'eau nécessaire à leur entretien était beaucoup trop précieuse et il fallut attendre les navires-usines de 1967 pour que les matelots couchent dans des draps.

Voilà ! j'avais tout mon barda ainsi qu'une gamelle, un quart et des couverts fraîchement rétamés. Mais en arrivant à bord il me manquait une couverture. J'en parlai à René Lacoche, un ancien de mon pays.

— Ne reste pas comme ça, tu crèverais de froid sur les bancs ! Retourne au bureau en demander une autre.

Là-bas, je me suis adressé au grand maître de la distribution, un homme courtaud que l'équipage nommait « Gros Louis ». En chemise blanche et cravate, il trônait derrière son comptoir.

— Tu as perçu deux couvertures. Il n'est pas question de t'en donner une autre.

Je ressortis de là le cœur gros et désemparé; René venait à ma rencontre.

— Alors, qu'est-ce que ça a donné ?

— Rien à faire. Gros Louis ne veut rien savoir.

— Attends, voici monsieur André. Va lui demander. Lui, il comprendra, il est bon.

C'était un gaillard d'une quarantaine d'années. Je revois encore ses pantalons et sa chemisette bleu pétrole, le paquet de cigarettes américaines qui dépassait de sa poche de poitrine. Aussi poliment que possible je lui ai expliqué mes malheurs.

— T'en fais pas mon p'tit gars, m'a-t-il dit simplement avant de m'emmener auprès du Gros Louis.

L'affaire fut réglée en une phrase sèche :

— Vous allez donner une couverture à ce gamin et ça va comme ça !

La toute-puissance de l'homme derrière son comptoir avait été balayée d'un coup. Soulagé, heureux de voir inversé un destin qui, quelques secondes plus tôt, me paraissait écrasant, je ne savais comment le remercier. Mais j'avais le cœur léger quand je suis monté à bord et j'étais loin de penser que, vingt ans plus tard, le même homme m'offrirait mon premier commandement.

Au départ de Bordeaux, chacun s'était muni de quelques barriques. Elles serviraient à contenir nos « issues » de morues, c'est-à-dire à saler et à conserver les langues et les joues que nous vendions au retour à une vieille Cancalaise, la mère Magnan. Elle avait une boutique bien achalandée à Cancale mais, plutôt que de s'approvisionner à Saint-Malo où elle avait des concurrents, elle préférait venir à Bordeaux où elle s'était assuré une quasi-exclusivité.

Comme tout le monde j'avais donc acheté une barrique. Je ne savais qu'en faire.

— Saisis-la sur le gaillard, mais pas trop près de l'avant, sinon tu ne retrouveras plus rien, me conseilla René.

Nous étions cinquante-quatre hommes d'équipage et chacun avait droit à quatre-vingt-dix kilos d'issues pour son usage personnel, l'armateur, lui, avait droit au même poids multiplié par le nombre de marins.

La première escale avait traditionnellement lieu à Pauillac, à mi-chemin de la mer, pour mazouter. Dans ce petit port il y avait un hôtel, *Le Castel,* dans lequel officiaient une dizaine de filles. Certains capitaines, pour que la chance soit avec eux, payaient la passe au plus jeune mousse du bord. Les plus âgés restaient de quart à bord où ils remplaçaient les jeunes.

Quelques heures plus tard, nous larguions notre pilote à la sortie de l'estuaire, et cap sur les grands bancs.

Je fus désigné pour être mousse de carré, c'est-à-dire pour le service des officiers. Pour ma première campagne, c'était une belle planque et un excellent poste d'observation, l'idéal pour débuter dans un métier et faire un choix.

Nous étions entrés dans le golfe de Gascogne. Dans la nuit le bateau s'était mis à rouler. Lorsque je me suis levé à 5 heures, pour les rations, je n'étais pas très en forme. Il fallait traverser le pont découvert en courant pour aller remplir un bidon de vin. Avec le roulis cela n'avait rien d'évident. C'est alors que j'ai ramassé ma première « gamelle ». Je ne souhaite à aucun terrien d'en prendre autant que moi dans ma vie de marin. Je revenais plus lentement, avec le bidon plein, lorsqu'en montant l'échelle j'ai eu droit à un « pion », un paquet de mer qui me trempa des pieds à la tête. Les rires qui parvenaient de la passerelle me douchèrent encore bien davantage.

Sur ce bateau, comme sur tous les chalutiers classiques, il n'était guère aisé de traverser le pont. La lisse ne se trouvait qu'à deux mètres de la surface de l'eau. Les vagues qui pouvaient balayer très facilement le pont et les hommes, provoquaient de nombreux accidents.

Ma mère m'avait donné quelques oranges, au cas où... Sa thérapeutique était-elle bonne ? Elle dût en tout cas avoir une influence car je n'ai jamais eu le mal de mer, cauchemar de beaucoup de marins.

En fin d'après-midi, alors que le navire tanguait de plus en plus, je vis le capitaine appuyé au balcon. Il vomissait.

— Êtes-vous malade, capitaine ?

Il se retourna d'un bloc et je reçus un magistral coup de pied au cul. Heureusement qu'il avait de gros chaussons ! Ce n'était pas méchant. J'ai eu plusieurs fois l'occasion d'apprécier sa bonté, trop grande même pour qu'il puisse réussir dans ce métier.

D'après ce que je comprenais des conversations, nous marchions à 10 nœuds. Toutes les heures, il fallait contrôler le nombre de milles inscrit sur le loch à hélice qui se trouvait à l'arrière. L'un des grands plaisirs du premier lieutenant consistait à y envoyer un analphabète. L'homme revenait en disant n'importe quoi pour masquer son ignorance.

Enfin, au bout de neuf jours, le bateau lança trois coups de sifflet longs. C'était le petit matin. Plusieurs d'entre nous se précipitèrent sur le pont. Ils regardèrent dans toutes les directions. Rien ! Nous venions de sonder de l'autre côté de l'Atlantique. Nous étions à Terre-Neuve et le capitaine avait salué les bancs. Je me suis toujours souvenu de cette coutume et je la maintiens lorsque j'arrive sur les lieux de pêche.

Sur le pont, tous les hommes étaient à leur poste. Le cirque, l'ensemble des parcs servant à entreposer et à travailler la morue, était monté. Les trancheurs fignolaient les étals sur lesquels passerait le poisson. Certains plombaient le manche de leur couteau qui coupait comme un rasoir, afin d'obtenir le maximum d'efficacité. Je me souviens encore de mon ébahissement devant un homme qui retroussa sa manche, mouilla son avant-bras, posa la lame de son couteau sur son poignet et remonta d'un coup sec jusqu'au coude. Un véritable paquet de poils se retrouva sur la lame.

A cette époque le chalut était en chanvre. A sa base étaient accrochées des boules de fer de cinquante centimètres de diamètre, les diabolos, encore utilisés aujourd'hui. Ils permettent au chalut de rouler sur les fonds sans trop accrocher. Il était muni à sa partie supérieure de grosses boules d'aluminium remplies d'air qui servent à maintenir ouverte la gueule du chalut. Sur ce bateau-là, elle était large de plus de vingt-cinq mètres et haute de deux à trois mètres. De chaque côté, des câbles en acier pouvaient se dérouler sur quinze cents mètres. Ils avaient été mesurés au mètre près et soigneusement marqués de repères tous les cinquante mètres.

Le capitaine appela :

— Hors cul !

Les hommes arrivèrent sur le pont, d'une démarche lourde et prudente. Les uns portaient des cirés marron clair faits de grosse toile trempée dans l'huile de lin, les autres des cirés noirs en caoutchouc fabriqués au Canada.

Sur le pont pour conjurer la chance, le capitaine offrit le traditionnel coup de vin blanc à tout le monde.

Quelques minutes plus tard, nous étions tribord au vent. Je vis apparaître le cul du chalut suspendu au bout d'un cartahu. Ce palan léger, constitué d'un fil d'acier passant par une poulie simple, sert à soulager les pièces du chalut. Le cul du chalut fut largué à la mer. Bientôt, il entraîna tout le corps, tandis que les cartahus soulageaient les diabolos qui tombaient un à un, éclaboussant les hommes. Les boules flottaient quelques minutes en s'éloignant rapidement sous l'action de la dérive du navire. Sur les bras qui terminent le chalut on maillait les panneaux. Ces grands volets de bois garnis de plaques d'acier sont presque grands comme des gouvernails de paquebots. Ils pèsent plus de sept cents kilos et servent à maintenir ouverte la gueule du chalut.

Le capitaine mit en avant, barre tribord toute. Arrivé au lit du vent, il stoppa. Les panneaux tombèrent puis disparurent à 25 mètres du bateau qui poursuivit sa giration sur tribord. Le cap fut pris lorsque le bateau se retrouva vent arrière. Alors les panneaux divergèrent et la passerelle annonça :

— Filez 600 mètres.

Les treuils se mirent à dévider très vite tandis que les treuillistes surveillaient les marques. Le chef ramendeur, dans le travers du bateau, et le lieutenant depuis la passerelle, contrôlaient également la manœuvre.

Le bateau diminua son allure. Un croc à roulettes, maillé à l'extrémité d'un fil d'acier appelé « vérine », roula tout au long du câble de l'avant. Le treuil vira. La vérine se tendit à l'arrière du navire, crocheta au passage le câble de l'arrière et le tout fut fixé au navire dans une mâchoire appelée « chien ».

Je venais d'assister à mon premier filage de chalut par tribord, sur un chalutier classique. Je devais en voir des milliers d'autres avant de travailler sur les chalutiers modernes qui filent et traînent le chalut par l'arrière.

Tout le monde attendait avec impatience la remonte du chalut, comme si toute la campagne devait dépendre de ce premier coup de filet. Au bout d'une heure et demie de traîne, le second cria :

— A virer !

Le treuilliste embraya et le virage commença. Le treuil forçait la houle et faisait chanter son moteur. Au bout de vingt minutes, le chef ramendeur cria :

— Marque !

Ce qui annonçait l'arrivée des panneaux. Le treuil marqua un arrêt lorsqu'ils furent à hauteur de la lisse et remaillés le long de la coque où ils émirent un son de cloche fêlée. Longs de 60 mètres, les bras furent amenés. Les premiers éléments du chalut apparurent ; on distinguait les boules qui dansaient au milieu de la houle, puis la poche creva la surface pour s'étaler sur un tout petit mètre carré.

Je regardai aussitôt les anciens. Ils faisaient la moue. Quelques-uns dirent :

— Une pale !

Les diabolos furent embarqués, puis la poche étranglée avec un gros cordage de chanvre. Le largueur défit le nœud du cul et libéra de la poche suspendue l'équivalent d'une pale de morues, c'est-à-dire environ trois tonnes de poisson vif qui donneront une tonne de morue salée.

Moi qui avais cru que la morue était plate, je découvrais un poisson long et rond, de couleur grisâtre, le ventre blanc qui se débattait et se cabrait dans les parcs. De gros yeux globuleux lui sortaient de la tête.

Brandissant des massues, deux novices se précipitèrent. Les coups de masse pleuvaient sur la tête des morues. Les hommes étaient tellement hilares que cela ne pouvait être qu'une blague mais je ne savais pas encore que cette farce faite aux nouveaux arrivants était une véritable coutume, quelque chose comme la « corde à tourner le vent ».

La pêche n'était pas satisfaisante, le bateau reprit sa route.

Pêche ou pas, ma journée n'était pas de tout repos. Debout à 5 heures, j'attrapais mon bidon à 5 h 15 pour aller chercher les rations de vin à l'avant du navire. A 5 h 30, je servais le premier repas pour les officiers qui allaient prendre leur quart. A 6 heures, c'était le tour de ceux qui allaient se coucher après avoir veillé toute la nuit. Ensuite, je devais faire la vaisselle à l'eau de mer, sans lessive, puis nettoyer la passerelle et le carré du capitaine.

A 11 heures, je repartais avec mon bidon et mes rations de vin. Le premier service, un quart d'heure plus tard, concernait les dix-huit hommes qui allaient monter sur le pont, descendre à la machine ou gagner la passerelle. Second service à midi pour ceux qui redescendaient du pont ou allaient se coucher. Je mangeais debout entre deux services.

A 14 heures ma vaisselle était terminée. J'entreprenais le nettoyage du carré des officiers. Ensuite, comme pour le cuisinier et le boulanger, il me fallait éplucher deux seaux de pommes de terre. Six seaux de patates à trois : c'était notre lot quotidien !

A 17 heures, je remettais ça pour un troisième cycle : bidon, ration, premier service, deuxième service. A 20 heures il y avait un troisième service réservé à l'électricien et au quatrième mécanicien. Vaisselle faite, je pouvais aller me coucher vers 21 h 30 ou 22 heures, après dix-sept heures de travail. Mais, à côté de la vie que menaient mes col lègues novices sur le pont je n'avais pas à me plaindre l'avenir se chargerait de me l'apprendre.

A virer !

J'avais vite sympathisé avec Jean, le cambusier. Il était chef de bordée, extrêmement sobre et très propre. Il avait fait cinq ans de guerre en Angleterre, mais il n'avait pas la trentaine et était marié à une Belge dont il avait fait la connaissance outre-Manche. J'étais plein d'admiration pour cet homme qui me paraissait avoir mené une vie libre et aventureuse. Je rêvais de pouvoir un jour lui ressembler.

C'est lui qui m'a appris que, pour être un bon capitaine de pêche, il fallait un excellent bateau et un équipage de qualité. Cela allait de soi, mais il fallait savoir utiliser des codes précis et indéchiffrables pour les concurrents. Un capitaine n'est codé qu'avec des copains très sûrs ou des membres de sa famille, rarement avec des collègues de la compagnie. A l'intérieur des armements la rivalité est toujours très vive, liée aux résultats, et le capitaine le moins performant a toutes les chances de se voir remercié à la fin de l'année.

Un soir, le premier lieutenant est descendu de la passerelle et m'a donné l'ordre d'éteindre tous les éclairages ou de boucher scrupuleusement toutes les ouvertures. Aucune lumière ne devait filtrer. Le pont était aussi dans le noir le plus absolu. Nous venions de mettre en route et je m'endormis là-dessus. Le lendemain matin, nous faisions toujours route et il n'y avait plus aucun bateau en vue. Je demandai à Jean ce que cela signifiait.

— Les bateaux n'ayant pas de radar, on met en route de nuit. C'est le système idéal pour ne pas être vu.

— Oui, mais je ne comprends pas. Nous sommes seuls maintenant.

— Voilà ce qui s'est passé : hier soir, le capitaine a vu les deux autres bateaux de la compagnie faire route. Ils ne sont pas dans notre code. Ce sont donc des concurrents sérieux. Le capitaine a noté qu'ils faisaient cap ouest et il a donc suivi aussitôt. Il y a le *Jutland* qui est commandé par le père Thomas et l'*Islande* par son fils. Ce sont deux très bons pêcheurs.

— O.K. ! Jean, j'ai compris !

Nous avons cherché toute la journée et le lendemain aussi. Le surlendemain il faisait un temps superbe. Nous n'étions pas loin d'une côte et nous pouvions distinguer les forêts de pins. Le capitaine a appelé :

— Hors cul !

Et nous avons mis en pêche.

Bientôt, nous apercevions les deux autres bateaux accompagnés d'un troisième : le *Colonel-Pleven* commandé par Roger Brévault, un Cancalais cousin du fils Thomas. Les trois bateaux étaient à la cholle, c'est-à-dire qu'ils avaient suspendu leur pêche pour traiter le poisson qui garnissait le pont.

La mer était très calme et la terre, toute voisine, parfaitement rassurante.

— A virer !

Le treuilliste embraya. Tous les regards étaient tournés vers tribord, le côté d'où arriverait le chalut après un gros bouillonnement. Le cul creva la surface. Il émergea d'un bon mètre à la verticale, pour s'allonger tout doucement. On aurait dit un immense tapis d'une vingtaine de mètres sur lequel auraient été brodés des poissons. La manœuvre d'embarquement fut longue. Les parcs s'emplissaient. Quinze pales furent virées et l'on recommença. Le deuxième trait fut tout aussi bon que le premier et il fallut mettre à la cholle.

Dans le premier parc, sur tribord, cinq hommes triaient la morue. Chacun était armé d'un « piquois », un manche en bois terminé par un ergot légèrement cambré de dix centimètres de long. La manœuvre consistait à enfoncer le piquois dans la tête du poisson puis à le jeter dans le parc des piqueurs. Ceux-là m'étonnaient par leur dextérité et leur vitesse d'exécution.

Enfoncés dans la morue jusqu'au ventre et armés de couteaux semblables à ceux qui servent à désosser, ils prenaient le poisson d'une main et lui enfonçaient la tête sur un « piqueu », une sorte de pointe de fer fichée dans le bois du parc, face au piqueur. Les poissons pendaient ainsi à la verticale; le piqueur posait son pouce gauche sur la mâchoire et la lame tranchait horizontalement, faisant gicler le sang, puis descendait verticalement jusqu'au nombril. La main gauche prenait la tripaille et la jetait dans une gouttière où coulait un jet d'eau. La main droite jetait le poisson dans le parc des décolleurs.

Entraînés par le filet d'eau, les viscères s'en allaient vers l'arrière et tombaient dans le panier des trieurs de foie. Ils jetaient ces derniers dans un broyeur et le mélange partait vers une petite usine à huile.

Les décolleurs séparaient la tête du corps sur une planche verticale. Les têtes étaient jetées le long de la lisse, tandis que les corps des morues étaient disposés sur une table à trancher.

Les trancheurs posaient la main gauche sur la partie la plus épaisse du poisson, glissaient le pouce à l'intérieur de la cavité abdominale, et le maintenaient serré dans cette position. A l'aide d'un couteau bien tenu dans la main droite, ils entamaient les chairs en suivant l'arête centrale. Le poisson ouvert en deux il restait à enlever le naud, la grosse arête sur laquelle est fixée la vessie natatoire. Ce travail était interdit aux gauchers alors que les meilleurs piqueurs appartenaient à cette catégorie.

Les gestes des uns et des autres devaient être rapides et précis. Les couteaux étaient de vrais rasoirs; une petite maladresse pouvait provoquer des blessures profondes nécessitant la pose d'agrafes et plusieurs semaines de convalescence.

Le naud était balancé avec les têtes et le trancheur laissait tomber sa morue dans la baille, un bac où coulait de l'eau de mer. Là, le novice ou le mousse intervenait : le pauvre bougre, les mains dans l'eau glacée, avec une cuillère, un morceau de ferraille forgé spécialement, devait gratter la morue et enlever toute trace de sang. Lorsqu'elle était propre, il la jetait dans son « pote », un panier en osier ou en fer qui pesait, une fois plein de morue fraîche, plus de cent kilos. Quatre mois plus tard, après que le poisson eut séché dans le sel il aurait perdu la moitié de son poids. Les novices se mettaient à deux pour traîner le pote jusqu'à l'arrière du navire et le chavirer dans la cale.

Là, c'était l'antre des saleurs. Leur chef était l'un des grands personnages du bord. Un mauvais dosage pouvait entraîner la catastrophe. Trop de sel, le poisson brûle; pas assez, il est doux et vendu au rebut. Une petite pelle dans une main, la queue d'une morue dans l'autre, les saleurs construisaient de véritables murs de poissons, la peau en dessous, le sel par-dessus. Ces piles mesuraient deux mètres de large et emplissaient toute la largeur du bateau. L'intérieur de la cale était en bois afin de protéger la morue de l'oxydation. Nous partions avec six cents ou sept cents tonnes de sel, pratiquement le poids de morue traité que nous allions rapporter.

Ce travail s'effectuait vingt-quatre heures sur vingt-quatre lorsque nous étions en pêche, mais certains piqueurs et trancheurs étaient aussi ramendeurs, c'est-à-dire chargés de la construction et de la réparation du chalut. Le chef ramendeur était un autre personnage du bord. Il devait être très précis dans toutes ses mesures, rapide dans la compréhension et l'exécution des instructions du capitaine.

Par Jean j'appris que nous étions dans le golfe du Saint-Laurent, sur des fonds vierges. Au bout de quelques jours, un cinquième larron vint se joindre à nous. Il s'agissait du *Hardi,* de Saint-Malo, commandé par le capitaine Wideau. Les radios étaient muettes et j'appris que les autres bateaux de la flottille française, une trentaine, se demandaient où nous pouvions bien être passés. Nous sommes restés ainsi un mois. Trois traits par jour suffisaient à alimenter le travail. Très peu éclairés pour ne pas attirer l'attention, nos bateaux brillaient dans la nuit et me faisaient penser à de petits villages. Les phares du cap Ray et du cap Anguille projetaient leurs faisceaux autour de nous.

Un beau matin, nous avons vu arriver un bateau que les anciens reconnurent de très loin. C'était le *Capitaine-Pleven.* Il avait dû se faire un plaisir de divulguer notre présence car, le lendemain, tous les autres bateaux étaient là.

Quelques jours plus tard l'*Aventure*, un bateau d'assistance, arriva avec le courrier tellement attendu. Pour moi, les nouvelles furent bonnes, de la maison comme des copains. C'est un moment très important pour le moral des hommes. Du capitaine aux novices, j'avais l'impression qu'ils n'étaient plus les mêmes tant les sourires éclairaient les visages.

Le lendemain la joie avait disparu : les dorissiers qui avaient assuré la liaison avec le bateau d'assistance, avaient eu le temps de discuter avec leurs collègues du *Jutland* et du *Colonel-Pleven.* Arrivés plus tôt que nous sur ce banc miraculeux, ils nous avaient mis 150 tonnes dans la vue. J'étais un peu jeune pour comprendre ce que cela signifiait, mais à l'évidence personne n'appréciait.

Ma première escale eut lieu peu après, à Saint-Jean de Terre-Neuve. Je découvris un monde inconnu, glacé, avec de petites maisons de bois peintes de couleurs vives qui tranchaient sur la neige. Quel plaisir de retrouver la terre : comme saoul pendant quelques secondes, j'eus envie de courir comme un fou malgré la neige et le verglas.

Je suis allé effectuer quelques menus achats avec deux copains. Tout le monde parlait anglais. Dans une épicerie un matelot accroupi battait des bras en criant : « Cocotte ! Cot, cot, cocotte ! » sous les yeux ahuris de l'épicière qui tenait un poulet à la main. Comme nous nous demandions si le pauvre matelot n'avait pas sombré dans la folie, nous avons soudain compris et tout le monde a éclaté de rire : il voulait des œufs.

Après cette courte escale de vingt-quatre heures les jours et les nuits continuèrent à défiler. L'*Islande* et le *Colonel-Pleven* étaient rentrés pour entreprendre trois voyages dans l'année, tandis que notre bateau n'en ferait que deux.. En juillet est arrivé l'ordre de faire route sur Bordeaux et d'y débarquer l'équipage. Le *Finlande* devait ensuite être dirigé sur Lisbonne avec un équipage réduit pour y décharger le poisson. Je devais être du voyage.

Nous avions mouillé dans le Tage. Pour prendre livraison de la morue, des gabares de couleur vive accostaient le long du bateau. Le poisson était pesé à même le pont. Une chaîne de dockers portait la morue dans des paniers, sur la tête, puis les vidaient dans le fond des gabares.

Le soir, le travail terminé, les six matelots m'entraînèrent vers la ville. J'étais le seul novice à bord, il fallait bien suivre et je mentirais si je disais qu'il était nécessaire de me botter le cul pour ces expéditions. Là, j'ai fait la connaissance des maisons closes de Lisbonne. Je n'ai jamais su si c'était la coutume ou un honneur fait aux étrangers : la patronne alignait une vingtaine de filles jeunes et belles.

Si l'on excepte ces récréations nocturnes, cette livraison fut dure à cause de la chaleur étouffante. Le bateau ne revint à Bordeaux qu'au bout de vingt jours, pour rester quatre jours à quai. Quant à moi, je n'eus droit qu'à trois petits jours de congé avant de repartir pour Terre-Neuve.

J'ai été infiniment heureux de retrouver ma maison, ma sœur et surtout ma mère après cinq mois d'absence. Nous fûmes tous les trois très émus, mais je ne puis l'évoquer facilement. Les jours passèrent très vite et ma mère eut à peine le temps de laver et de faire sécher mon linge.

A la fin de cette campagne je revis mon cousin Charles. Chef mécanicien sur l'*Islande* il était un peu mon père spirituel et mon conseiller. Il m'avait dirigé vers ce métier et je lui dis que je ne voulais plus rester au carré.

— Tu as bien raison, m'a-t-il répondu. Si tu veux de l'avancement tu dois te diriger vers le pont puisque la machine ne t'intéresse pas.

Sur son conseil j'ai donc embarqué sur l'*Islande* avec le jeune capitaine Thomas. C'était un bon pêcheur. Nous faisions trois voyages par an, ce qui nous permettait d'être plus souvent à la maison, même si les congés n'étaient que de sept à huit jours entre les campagnes.

On se pissait dans les mains

Cette deuxième campagne m'a fait approcher la dureté de la condition des terre-neuvas : le travail quasi perpétuel et le froid extrême. Jour et nuit il fallait accomplir les mêmes gestes comme des automates. S'absenter ou ralentir la cadence, c'était l'engueulade assurée.

Une nuit, j'ai entendu le second capitaine crier contre moi :

— Martin, va plus vite à décoller. Il faut trois morues d'avance pour ton trancheur.

Je n'en pouvais plus mais il fallait tenir le rythme. En guise d'encouragement, un voisin me dit :

— Tu vois, ici c'est le bagne et tu en as pour un an.

Heureusement que j'avais le cœur bien accroché. Pour éviter toute réprimande, j'avais même pris l'habitude d'aller aux W.-C. pendant mon quart de couche.

La discipline était dure. Au coup de cloche nous montions sur le pont, et celui qui arrivait le dernier prenait le savon. Sous les cargos, grands abat-jour à l'intérieur desquels étaient fixées quatre ampoules électriques, sous la lumière froide des projecteurs, nos couteaux se mettaient à lancer des éclairs. Parfois, la neige venait leur faire une vilaine concurrence.

Nous marchions toujours par trois bordées, jour et nuit. Une bordée de couche, deux sur le pont. Le temps de sommeil était de cinq heures. Il était donc facile d'étaler les trois équipes sur vingt-quatre heures. En d'autres termes nous pratiquions les trois-douze à une époque où bon nombre de travailleurs, qui ne connaissaient pas des conditions de froid et d'inconfort comparables aux nôtres, trouvaient immorale la pratique des trois-huit.

Le plus dur était d'être de bordée de nuit. Vous montiez sur le pont à 18 heures; à minuit vous aviez droit à trente minutes pour un repas; à 3 heures dix minutes pour un coup de jus; et cela se terminait à 6 heures du matin. Nous dormions bien! Aucun d'entre nous n'a jamais eu besoin d'un somnifère.

Pendant le « bal de nuit » tout le monde chantait en chœur, ce qui nous donnait du courage et contribuait à accélérer la cadence. Notre répertoire était évidemment paillard, mais il faisait aussi appel à de belles chansons de la marine à voile.

Le froid était très difficile à supporter et j'avais terriblement hâte de voir se terminer le voyage. Mes avant-bras avaient doublé de volume; ils étaient couverts de petits boutons blancs gros comme des têtes d'épingle et que l'on appelait des choux, parce qu'ils ressemblaient à la fleur du chou-fleur. Je n'étais pas le seul dans ce cas: le quart de l'équipage souffrait du même mal.

Ces petits boutons très douloureux étaient provoqués par le raclage du ciré sur les poignets. La plupart d'entre nous portaient encore des cirés en toile de lin huilée qui étaient durcis par l'eau de mer, le sang du poisson et le froid.

Puis ces boutons devinrent des furoncles appelés « punaises ». J'avais des trous très profonds d'un centimètre de diamètre sur les avant-bras que je ne reconnaissais plus tellement ils étaient devenus énormes. Le cauchemar commençait au lever quand il me fallait enfiler mes bottes en tirant sur la tige. Je devais faire un effort surhumain et le jus des furoncles ruisselait jusque sur mes mains. J'avais bien essayé de me soigner tout seul en déchirant des bandes dans des chemises, mais elles ne tenaient pas longtemps à cause des gestes mécaniques et répétés dans les parcs. L'eau de Cologne s'était révélée tout aussi inefficace. Aujourd'hui, trente ans après, les cicatrices sont toujours apparentes.

Nous avions tous les mains plus ou moins abîmées : griffures, coupures, plaies, cassures, crevasses, choux, punaises, furoncles. Je faisais partie des plus atteints. En nous levant, après notre quart de couche, nous sortions à la porte du poste, nous relevions nos manches et chacun se pissait sur les mains. C'était le seul désinfectant qui était à notre disposition. C'était un remède connu et fort courant, nous faisions cela devant tout le monde, sur le pont, et dans l'indifférence la plus complète.

Puis la fièvre devint trop forte. Je me rendis à la passerelle. Le second me fit une piqûre de pénicilline et m'envoya éplucher les patates à la cuisine. Une autre piqûre le soir et, le lendemain j'étais de retour sur le pont. Il est vrai qu'entre-temps j'avais eu des mots avec le cuistot qui avait sans doute préparé une sauce grand veneur à en juger par la quantité d'alcool dont son haleine était chargée.

Heureusement, huit jours plus tard, notre bateau était plein. Après avoir salué les autres navires de trois coups de sifflet longs, nous avons mis le cap sur Bordeaux.

Le capitaine avait l'air content. Nous regagnions notre port d'attache deux mois après l'avoir quitté. C'était un record. Nous avions chargé neuf cent trente-huit tonnes en trente-huit jours de pêche, soit deux mille sept cents tonnes de poisson vif. Nous étions six décolleurs. Je me suis amusé à faire un petit calcul : le poisson vidé avait perdu environ vingt pour cent de son poids. A six, nous avions donc soulagé à bout de bras plus de deux mille tonnes en trente-huit jours, soit trois cent soixante tonnes chacun. Nous travaillions au rythme de dix-neuf heures par jour et, même dans des conditions normales, ce qui n'avait pas été le cas, c'était une sacrée performance. Il fallait des muscles et nous n'en manquions pas après ces exercices.

L'arrivée à Bordeaux fut un triomphe. Le capitaine Thomas eut droit aux honneurs et les armateurs arboraient de larges sourires.

Le froid, je l'ai encore affronté plus tard quand je suis devenu piqueur. Un poste qui nécessitait rapidité, dextérité et grande vitesse d'exécution. Nous étions douze heures par jour dans la morue jusqu'au ventre. Je m'arrangeais toujours pour être posté sur l'arrière des parcs, là où nous avions le plus rapidement les pieds au sec. En contrepartie, nous recevions les déchets de tous les autres, la tripaille, les foies et les estomacs. Si certains savaient piquer proprement, c'est-à-dire sans ouvrir l'estomac, d'autres étaient de vrais sagouins.

Quand le vent tournait au nord-ouest, le froid arrivait à toute vitesse pour atteindre jusqu'à moins dix-sept ou moins vingt degrés. Alors le sang se mettait à geler sur les bords des parcs, avec la tripaille. Puis le ventre du poisson devenait dur. Nos gestes étaient ralentis, notre rendement baissait. L'eau dans les parcs devenait granuleuse, formait une sorte de bouillie rougeâtre.

Nous avions les pieds gelés malgré nos « chaussettes russes ». Nous appelions ainsi des bandes coupées dans de la toile de jute qui recouvraient nos chaussettes de laine. Elles buvaient la sueur et offraient l'une des meilleures protections possible contre le froid. Tout le monde en portait. Malgré cela, quand nous étions immobiles dans l'eau gelée, le froid nous gagnait.

Les embruns gelaient en tombant sur nos cirés. Nos barbes étaient blanches de glace et de neige. Plusieurs d'entre nous avaient la « roupie » gelée au bout du nez. Cette stalactite est toujours drôle quand elle pend au nez des autres. Nous formions, dans ces moments-là, une troupe assez fantomatique. Nous pouvions toujours nous dire que les autres bateaux étaient logés à la même enseigne, c'était une bien piètre consolation.

Au fur et à mesure que le thermomètre baissait, le poisson durcissait. A moins dix-sept degrés, il ne nous était plus possible de travailler. La morue devenait dure comme du bois. Quand elle était surgelée sur place, les trancheurs ne pouvaient plus enfoncer leur couteau dans la chair. Le capitaine faisait tout arrêter. Nous rejetions le poisson à l'eau pour en pêcher du plus frais, et surtout plus facile à travailler, lors de l'accalmie suivante.

Dans ces grands froids, les novices souffraient le martyre. Les bords intérieurs de leur baille s'épaississaient de glace rouge faite d'eau de mer et de sang. Sans arrêt ils devaient plonger leurs mains nues dans cette eau glacée pour attraper et laver les poissons éventrés. Il n'était pas question de ralentir le rythme. Seuls les piqueurs pouvaient avoir ce privilège, parce qu'ils étaient les premiers à juger de l'état du poisson et qu'ils effectuaient un travail assez dangereux. Les décolleurs et les laveurs étaient tous solidaires du trancheur. Il devait toujours y avoir du poisson sur la table de ce dernier et il ne fallait pas que la baille soit trop pleine. Lorsque cela arrivait, j'ai souvent vu le novice prendre sur son quart de couche le temps nécessaire pour vider sa baille. Mais au quart suivant, la baille était vide au coup de cloche. Quel dressage d'hommes !

Cette cloche, combien de fois l'ai-je maudite, au moment de l'appel du quart ? Aussi souvent que j'ai eu envie de l'embrasser, exténué, à la fin de nos douze heures. C'est elle qui rythmait la vie du bord. Nous n'avions pas beaucoup d'autres points de repère.

Notre calendrier était rythmé par un quart de vin blanc qu'on nous distribuait deux jours par semaine, le jeudi et le dimanche. En pontée, quand les chants montaient dans la nuit, couvrant le bruit des moteurs, et que la cadence du travail suivait, le vin blanc faisait son apparition. Du vin chaud le remplaçait parfois. Alors, pris par le rythme mécanique du travail, beaucoup d'entre nous, en rêve, s'évadaient du bord. J'aimais bien ainsi me retrouver à la maison. Souvent, je jalousais mes copains terriens qui, de leur côté, m'enviaient une vie qu'ils croyaient faite d'aventures.

Et les jours passaient avec le froid, la fatigue, la cloche, avec pour seules éclaircies les marées de paradis. On les appelait ainsi parce que le mauvais temps interdisant la pêche nous faisait sortir de notre purgatoire ou de notre enfer. Cela nous donnait le temps de panser nos plaies, de nous refaire quelques forces.

A ce régime, plus les campagnes s'allongeaient, plus les caractères s'aigrissaient. A la fin il fallait allonger le vin avec de l'eau. Cette opération se faisait en cachette et revenait au cambusier.

Un ancien avait résumé tout cela en quelques phrases qui exprimaient parfaitement cette réalité :

— La bistouille est salée; il y a de l'eau dans le vin; les gars ont perdu la foi; on va bientôt débanquer !

D'abord les biftecks !

Sur la plupart des bateaux de grande pêche, la nourriture était comparable à la nôtre. Voici celle de notre bord en 1953 : le matin, morue grillée. Pour déjeuner, un hors-d'œuvre, un plat de viande, un dessert. Le soir, uniquement de la morue bouillie et un dessert. A minuit, notre réveillon était composé de morue grillée ou cuite au four et chaque homme avait droit à deux pommes de terre. Quant au dessert, il s'agissait la plupart du temps d'une cuillerée de confiture.

Nous n'étions pas les plus mal lotis. Nos parents et grands-parents avaient connu régime encore plus sévère. Nous rencontrions encore sur les bancs des dorissiers portugais, véritables mendiants des mers, dont le sort faisait pitié. Notre alimentation manquait singulièrement de variété et n'introduisait que très rarement cette petite note de chaleur et d'imprévu qui remonte le moral des troupes.

Notre convention collective, qui existe toujours mais a depuis été améliorée, prévoyait que hors-d'œuvre, viande et dessert soient servis midi et soir. Inutile de dire que c'était la grogne dans chacun des trois postes d'équipage. Un soir, je n'ai pas très bien compris ni comment ni pourquoi, je n'étais encore qu'un novice tenu à l'écart des conversations importantes, un mot d'ordre a couru :

— Si demain soir on n'a pas de viande, on ne refile pas. On fait grève.

Une grève sur un chalutier, c'était du jamais vu, surtout en 1953 ! Le soir est arrivé avec son potage, sa morue et ses deux pommes de terre. Le capitaine a appelé à virer. Les deux bordées se sont mises au travail, mais quand les dernières palanquées furent à bord, les hommes en poste aux bobines du treuil ont tout embarqué. Le capitaine n'en revenait pas :

— Mais qu'est-ce que vous faites ?

Sans un mot, les deux bordées sont rentrées dans les postes avant. Ne restaient dans les travers que les deux officiers chefs de bordée. Puis les deux délégués ont traversé le pont et sont montés à la passerelle. Dix minutes plus tard, ils étaient de retour dans les postes :

— Les gars, on a gagné. On va avoir des biftecks.

Tous les marins restaient sceptiques, d'autant que les délégués répétaient :

— On a gagné mais il faut refiler le chalut.

Dans ces conditions, le « non » l'a emporté largement. Les délégués ont dû retourner à la passerelle :

— Capitaine, les gars veulent d'abord les biftecks.

Une demi-heure plus tard, nous avions tous de la viande bien saignante. Elle fut avalée rapidement et le chalut mis à l'eau. Depuis ce jour nous avons eu de la viande tous les soirs et, à partir de l'année suivante, la nourriture devint excellente. L'affaire fit cependant deux victimes car les délégués de l'équipage furent « sacrifiés » au retour.

Il en allait d'ailleurs presque toujours ainsi. Il fallait un certain courage ou de l'inconscience pour accepter d'être délégué de l'équipage et courir le risque d'être remercié à la fin de la campagne.

L'année suivante, j'ai beaucoup pensé aux deux victimes du premier mouvement social que j'ai connu. La grève, qui n'en avait pas été véritablement une, avait porté ses fruits. La nourriture était devenue si bonne par rapport à ce que nous avions connu que nous n'en croyions pas nos yeux. Nous avions même du poulet le dimanche et, chose qui m'était totalement inconnue, des fruits en boîte.

Nos rapports avec la nourriture ne se bornaient pas à des exigences de qualité ou de variété. Nous avions tout simplement faim ! La fatigue et le froid étaient nos pires ennemis. Pour les combattre facilement, il nous fallait gérer efficacement les denrées indispensables qui nous étaient octroyées par l'armement ou bien celles que nous avions apportées. Dans les deux cas, tout était chichement compté.

Il n'existait que deux boissons à bord : de l'eau infecte et du vin. Pour chaque homme il était réparti de la façon suivante : un quart le matin, trente-sept centilitres à midi et le soir, puis un dernier quart à minuit, soit 1 litre 25 pour vingt-quatre heures. Comme quelques autres jeunes, je n'en buvais pas. Nous percevions cependant notre part car elle constituait une précieuse monnaie d'échange auprès des anciens. Nous pouvions le troquer contre des desserts ou du sucre. Faire réparer un ciré par exemple coûtait un litre de vin.

Il y avait aussi le tafia, le rhum, que nous appelions encore « bistouille ». Nous avions droit à cinq centilitres par jour et ils étaient mesurés et servis grâce au boujaron. Les terre-neuvas ont été les derniers, vers les années soixante-dix, à abandonner cette unité de mesure si chère à la marine à voile d'autrefois.

Le tafia et le vin nous permettaient de nous procurer

deux denrées essentielles : le sucre et la margarine. Nous n'avions droit qu'à un kilo de sucre par mois et par homme, et à deux cent cinquante grammes de margarine. Cette dernière partait vite car elle nous servait à améliorer l'ordinaire du repas de minuit ou de 6 heures, avec cette horrible alternance de morue bouillie ou grillée. Nous pouvions apporter notre margarine pour cuire des cœurs ou des joues de morues. Pour s'offrir de temps en temps cette friandise, chacun partait de chez lui avec trois ou quatre kilos de beurre en pots, car cette denrée était totalement inconnue à bord.

Il y avait d'autres combines pour améliorer l'ordinaire. Nous pouvions, par exemple, défaire quelques langues de morue pour le boulanger ; en contrepartie, nous n'avions pas à lui fournir de margarine pour cuire nos petits plats.

Les cœurs, gros comme le bout d'un doigt, sont d'autant plus délicieux qu'ils n'ont pratiquement pas le goût de poisson. Pour nous qui en subissions à chaque repas, cela avait son importance.

Pour changer, nous pouvions aussi manger des mauges. Ce sont des estomacs de morue. Il faut les ouvrir et gratter soigneusement l'intérieur avant de les mettre à griller. Le résultat est insipide, plutôt dur, mais a l'avantage de ne pas avoir le goût de la morue.

Un jour que j'étais en train de faire une épissure sur un gros fil d'acier avec un camarade de mon âge, à l'arrière du navire, j'ai vu le cuisinier traverser le pont et se diriger vers la baleinière bâbord.

— Ne bouge plus, regarde !

Le cuisinier a soulevé le taud, la toile imperméable qui recouvrait la baleinière, et glissé un plat dessous. Jamais nous n'avons pensé qu'il s'agissait d'apporter de la nourriture à un passager clandestin, mais plutôt d'une réserve secrète. Nous avons laissé le cuisinier rentrer dans sa cambuse, puis nous nous sommes approchés de la baleinière pour y découvrir un superbe plat de riz.

— Mine de rien, va devant. Fais semblant d'aller aux chiottes et tu reviens avec deux cuillères.

Dix minutes plus tard, mon copain Jeannot était de retour. Un coup d'œil à droite, un autre à gauche, le plat était subtilisé. Nous nous sommes cachés derrière le servo-moteur. Vous auriez vu nos bras ! Ils tournaient comme des hélices ! En dix minutes, le plat fut vidé et passé par-dessus bord, car le remettre en place n'aurait fait qu'augmenter nos chances d'être découverts.

Nous étions jeunes, nous avions faim et le travail était exténuant. Cette affaire a secoué la vie du bord pendant plusieurs jours. Le père Henri, un capitaine cancalais, fit rechercher partout les voleurs. Je n'ai osé lui avouer la vérité que quinze ans plus tard, à Cancale. J'étais devenu capitaine et je l'avais rencontré en remontant de la pêche à la crevette, une de mes distractions favorites. Nous scrutions l'horizon en parlant de choses et d'autres.

— Père Henri, lui dis-je, vous souvenez-vous du plat de riz sur le *Colonel* ?

— Oh oui !

— Eh bien, j'ai une confession à vous faire ! Le voleur, c'était moi.

— Tu sais, je m'en suis toujours douté.

Je n'en ai jamais voulu à cet homme, car je suis persuadé qu'il n'était pour rien dans notre insuffisance de nourriture. Il avait sans doute été élevé à pareille école et ne trouvait pas à y redire.

Il y avait eu pire au cours du même voyage. Les hommes tiraient tellement la langue dans les postes avant qu'un jour une équipe décida de fracturer la cambuse située sous les postes d'équipage. Je me suis interposé.

— N'en faites rien, les gars. En tout cas, je ne suis pas des vôtres.

— Pourquoi ? Tu te dégonfles alors qu'on crève de faim.

— Ce n'est pas ça. Mais vous savez que je potasse toujours quand j'ai un peu de temps. Je peux vous dire que le droit maritime ne pardonne pas là-dessus. Vous allez douiller. Ce sera le rapport, la convocation à l'administration, avec tout ce que cela comporte.

A bord, les deux cambuses étaient séparées. Elles avaient des portes différentes. L'un deux me demanda :

— Eh oui, mais si l'on ne touche pas à la cambuse à vin ?

Je pensais qu'ils ne risquaient rien s'ils se servaient pour manger et non pour boire ou commercer. Ils prirent une pince et dans la nuit la serrure sauta.

Ils furent bien déçus car il ne restait que quelques boîtes de confiture, du café, des haricots, des nouilles, des pois cassés et des lentilles. Des boîtes de confiture furent cachées dans le chalut de rechange et les gars eurent autre chose à manger que du pain sec. Cette effraction ne fit, en définitive, pas grand bruit à bord.

Au cours d'un autre voyage, un soir vers 18 heures, les novices apportèrent la gamelle dans notre poste de tribord. Nous étions seize hommes de la même bordée, et nous y avons trouvé seize morceaux de morue bouillie et trente-deux patates avec la peau. Depuis plusieurs jours c'était la grogne dans le poste. J'ai pris le plat en aluminium et je suis monté à la passerelle. Le capitaine était là :

— Qu'est-ce que c'est ? me dit-il.

— Voilà notre repas de ce soir. Un morceau de morue et deux patates. Croyez-vous que l'on puisse tenir douze heures sur le pont avec ça dans le ventre ?

— Sûrement pas ! Dis aux gars qu'ils vont avoir de la viande. En même temps il prit mon plat et le jeta à l'eau.

Vingt minutes plus tard, les novices nous apportaient du jambon grillé et tous les soirs depuis ce jour nous devions avoir de la viande. Après cet incident, j'étais devenu assez crédible auprès de mes camarades. Avec l'insouciance de la jeunesse, je commençais déjà à me prendre pour un caïd. J'ai dû déchanter en fin de voyage.

Alors que je me trouvais de quart avec lui, le capitaine Henri m'apporta un apéritif. C'était chez lui une marque d'estime et d'amitié. Aussi une façon d'engager la conversation :

— Dis-moi, tu te rappelles du plat de morue ?

— Bien sûr.

— Je vais t'apprendre quelque chose. Tu sais, les gars de ton poste, je les ai tous pris les uns après les autres quand ils étaient de quart. Eh bien, mon vieux, ils étaient tous satisfaits de la nourriture au moment de l'incident ! C'est en tout cas ce qu'ils m'ont dit.

Le capitaine Henri a continué.

— Tu sais, j'ai navigué sur le pont moi aussi. Je suis persuadé qu'ils gueulaient. Mais, vois-tu, tu aurais pu tomber sur un autre qui aurait déduit que c'était toi le meneur. Je voudrais que cela te serve de leçon.

En rentrant dans le poste, j'ai gueulé comme un perdu et j'ai traité mes camarades de tous les noms. Personne n'a bronché. Puis, j'ai médité cette aventure pendant de longues années. Par la suite, j'ai toujours laissé les râleurs prendre leurs responsabilités. J'avais été tellement écœuré que j'ai renvoyé ma carte syndicale. C'était en 1955. Je ne l'ai reprise que six ans après.

Plus tard, jeune lieutenant de vingt-cinq ans, j'embarquai en 1960 à bord du *Minerva* de Fécamp. Là, parmi mes fonctions entrait la gestion de la cambuse, ce qui n'était pas une petite affaire. Des deux cambuses, l'une pour les vivres l'autre pour le vin, la première ne posait pas trop de problèmes et l'ordinaire avait été considérablement amélioré; la seconde était conçue spécialement pour le stockage des barriques, une soixantaine alignées les unes au-dessus des autres. Le plus dur était de passer les vides au-dessous des pleines. En mer, cela représentait une sacrée gymnastique. On appelait ça la corvée de cambuse et ce terme était parfaitement justifié. Nous déplacions les lourdes barriques de deux cent vingt litres à l'aide d'un palan. Je ne pouvais stocker que huit barriques dans la cambuse journalière.

Pourtant, les amateurs ne manquaient pas pour cette corvée. Il est vrai qu'à l'issue des manœuvres les volontaires avaient droit chacun à un bon quart de vin, bu à même la « moque », un récipient de vingt-cinq centilitres. Un quart de cinquante centilitres était appelé « moque de deux ». Pour un litre, on disait : « moque de quatre ».

Un jour, j'ai vu un homme me demander :

— Un quart, lieutenant !

Plus pour plaisanter que par défi, je lui ai lancé :

— Moque de quatre ou rien !

L'homme a accepté et il s'est envoyé son litre de rouge d'un trait, sans sourciller.

Le tafia était l'objet d'autant de convoitises. C'est seulement cette année-là, en 1960, que nous avons été autorisés à remplacer pour les novices le boujaron de bistouille par une boîte de lait quotidienne. Ce changement ne fut obtenu qu'à la suite d'une demande des officiers navigants par voie syndicale.

La seconde partie du travail dans la cambuse consistait à siphonner le vin pour le laisser couler dans une baille, la moitié d'une barrique sciée en deux. Puis, en avant les rations ! En dix minutes, cet exercice était terminé. L'aide de cuisine qui m'accompagnait aux rations en profitait pour prélever dans les casiers les pommes de terre de la journée. Il nous en fallait environ trois tonnes par voyage.

Cette année-là, chaque soir, je laissais ma baille à environ deux mètres de la porte fermée à clé. Un jour je me suis aperçu que le niveau baissait anormalement. J'ai fait des marques qui ont confirmé mes soupçons. Et pourtant, il était impossible d'entrer puisque la porte était fermée par un cadenas de sûreté dont la clé se trouvait en permanence dans ma poche. Il y avait un trou d'environ cinq centimètres de diamètre dans la porte. Il me paraissait impossible de s'en servir pour siphonner, car jamais un tuyau n'aurait deux mètres de rigidité pour atteindre la baille.

Je me suis alors décidé à faire le guet, toute la nuit s'il le fallait. Ma patience fut récompensée : alors que je somnolais sur des chaluts neufs, un petit bruit me réveilla. Deux lascars étaient occupés à siphonner mon vin. Ils utilisaient bien le trou de la porte; ils y avaient passé un manche à balai sur lequel était ligaturée une gaine de fil électrique qui servait de siphon. Il suffisait d'y penser! Inutile de dire qu'ils remontèrent de la cambuse plus vite qu'ils y étaient descendus. Le trou de la porte fut bouché. Pendant la traversée de retour, et sous surveillance, les deux fautifs me nettoyèrent toute la cambuse à blanc, peintures et parquets.

On s'étonnera peut-être de tous ces détails concernant l'alimentation, mais ces besoins élémentaires avaient beaucoup plus d'importance qu'on ne le pense, surtout pour un jeune en pleine croissance.

Pendant mon deuxième voyage, j'avais quitté le service du carré. Matelot léger, j'avais été affecté à un poste de décolleur. Je passais donc tout mon temps à décapiter des morues. La pêche était bonne et le travail d'autant plus exténuant. Nous étions au Groenland et nous ne pouvions traîner le chalut plus de trois minutes. Cela suffisait pour le remplir. Au-delà il crevait de deux mètres la surface de l'eau et éclatait. A cette époque, les chaluts étaient en chanvre; le nylon, beaucoup plus résistant, n'avait pas encore fait son apparition.

Nous ne faisions donc que deux petits traits par jour. Mais pour traiter tout le poisson, chaque bordée devait effectuer une heure de travail supplémentaire. Ce n'est peut-être pas grand-chose, mais cela pèse lourd quand on a déjà passé dix-huit heures sur le pont. Notre journée de travail était passée à dix-neuf heures! Aucun terrien n'aurait supporté cela. Seule la perspective de rentrer plus vite au port nous aidait à tenir. Le bateau fut chargé de neuf cent trente-huit tonnes de morue salée en trente-huit jours.

Au bout de trente jours, nous n'en pouvions plus et nous n'avions même plus la force de manger. Je me souviens encore d'un repas de midi pendant lequel tout le monde est resté allongé dans le poste, à même le sol, pendant les quarante-cinq minutes auxquelles nous avions droit.

Et quand nous sortions de là, nous marchions comme des bêtes, abrutis et silencieux. Ce n'étaient pas les rations de vin blanc que le capitaine faisait distribuer, à même les parcs à poisson, qui pouvaient y changer quelque chose. Je n'avais trouvé qu'un truc pour tenir le coup, manger un petit morceau de sucre de temps en temps. A ce régime, le kilo de ma ration mensuelle ne pouvait tenir bien longtemps et mes échanges de vin et de tafia étaient bien utiles.

Je ne raconte pas cela pour que l'on s'apitoie sur le sort des marins ou pour dire : « Tu sais, moi, j'en ai bavé! » J'en parle tout simplement parce que cela a fait partie de la vie de tous ceux qui ont connu la grande pêche et qui approchent aujourd'hui de la cinquantaine.

Les choses ont changé. La vie à bord est moins dure, la nourriture est variée et copieuse. Sans doute parce que les armements ont compris, avec beaucoup de retard et trop souvent sous la pression des syndicats, que le mot « dignité » existait aussi à bord des bateaux.

La qualité des approvisionnements et leur conservation se sont améliorées. Les équipements techniques sont devenus remarquables au point que les cuisiniers réussissent des prouesses jusque dans les mers les plus dures de Terre-Neuve. Les cuisiniers eux-mêmes sont bien souvent de véritables professionnels qui s'engagent pour quelques campagnes avant de s'installer à leur compte.

Grâce à tout cela la nourriture à bord est devenue excellente. Une raie récupérée dans le chalut est traitée non seulement avec respect mais avec art. Notre viande congelée, surtout quand il s'agit de mouflon ou de mouton des Kerguelen, ferait l'envie de plus d'un restaurateur. Notre pâtissier n'oublie pas un dimanche pour rappeler aux hommes que, malgré leurs douze heures de travail quotidien, il existe encore un calendrier.

Bref, c'est si bien, si bon, si riche, si complet que l'un de ces terriens qui représentent certains armements ou leurs banquiers pourrait un jour faire remarquer que ce poste budgétaire est peut-être trop important, qu'il rogne des marges qui tendent à devenir de plus en plus réduites. Il se pourrait même que ce terrien-là dise avec une pointe de mépris, comme je l'ai entendu, qu'au fond ces hommes-là mangent mieux à bord que chez eux. C'est vrai et c'est normal, le contraire serait un scandale.

Le changement le plus décisif tient pour moi en quelques chiffres : lors de notre voyage aux Kerguelen, en 1981, nous avons consommé la bagatelle de six mille litres de jus de fruits, tandis que la consommation de vin n'a été que de dix litres par jour pour une soixantaine d'hommes. A Terre-Neuve, la consommation de vin tourne autour de quatorze litres pour cinquante-quatre hommes. C'est très peu par rapport à la navigation de mes débuts. Quant à l'alcool, on n'en voit plus guère. Peut-être parce que les habitudes ont changé, mais surtout parce que nos conditions de vie et de travail se sont considérablement humanisées. Quand je fais le bilan de ma vie de marin, ce point est l'un de ceux qui me donnent le plus de fierté.

Si tu restes matelot

Une innovation nous attendait au retour du deuxième voyage : un autobus stationnait sur le quai, prêt à nous ramener à Saint-Malo. Il devait théoriquement nous emmener immédiatement, mais il fallut au moins quatre heures pour rassembler l'ensemble des passagers. Quelques-uns avaient des provisions à vendre; fort peu, il est vrai, tant la pêche nous avait laissé peu de temps. D'autres s'étaient précipités dans les bars des environs pour arroser l'arrivée, ce qui était compréhensible après tant d'absence et d'efforts.

Le voyage de cette colonie de vacances d'un nouveau genre fut assez pénible. Il fallut s'arrêter souvent pour les boissons des uns ou l'urine des autres. Du côté de Nantes, alors que je dormais dans le fond du car, je fus réveillé par une chaussure en pleine figure. J'ouvris un œil. Toute une moitié du car était en pleine bagarre; sans doute de vieilles querelles de métier qui ressortaient sous l'influence de l'alcool.

Un passager du *Louis-Legasse* qui faisait le voyage avec nous avait hérité d'un superbe coquard, alors qu'il était profondément endormi et ne demandait rien à personne. Et il n'était pas le seul ! Il fallut arrêter le car et le lieutenant dut s'en mêler pour que le calme soit rétabli.

De nombreuses femmes attendaient notre arrivée à Saint-Malo lorsque le père Jean descendit orné d'un bel œil au beurre noir, parfaitement fermé. Sa femme se précipita :

— Eh bien, qu'est-ce qui t'arrive mon père Jean ?

— C'est-y pas une valise qui m'est tombée dessus à Nantes.

Je ne fus pas le seul à pouffer de rire.

En arrivant chez moi, heureux au milieu des miens, mon premier souci fut de me laver. Nous avions eu droit à une douche au retour. Pour un voyage de deux mois, dans des conditions aussi difficiles, c'était dérisoire, mais l'eau était toujours aussi précieuse à bord. En me lavant, je pensais au seau d'eau pour dix-sept hommes qui était notre lot quotidien. Nous attendions qu'un novice l'apporte. A peine était-il posé au sol que dix-sept gants de toilette plongeaient dedans. Je m'arrangeais pour être dans les premiers, car en cinq minutes la surface de l'eau était recouverte d'une sorte de crème jaunâtre. Nous avions tous le visage plein de sel, de sang et de morceaux de tripaille.

Entre le deuxième et le troisième voyage, nous n'avons eu droit qu'à dix jours de permission. Ma grand-mère en a le plus souffert : elle a essuyé quelques larmes au moment du départ; elle avait perdu sur les bancs un de ses fils âgé de dix-huit ans. Il n'y avait rien d'étonnant à ce qu'elle me revoie en lui et vive mal ce départ.

Ma grand-mère, je l'ai toujours connue vêtue de noir, comme s'il avait fallu ainsi symboliser une disparition que ni elle ni la famille n'avaient jamais admise. Le drame avait eu lieu en 1913 et ma mère m'en avait fait le récit.

Mon grand-père et son fils étaient embarqués sur le même voilier. A cette époque, les bateaux n'étaient pas équi pés de radio et aucune nouvelle n'arrivait à terre qui ne soit apportée par un autre bateau. Un matin où leur voilier se déplaçait sur les bancs, le jeune homme était à souquer les voiles. Personne n'a jamais su ce qui est arrivé : déséquilibré, il est tombé à la mer. Chef saleur, mon grand-père fut averti aussitôt. Il se précipita sur le pont pour apercevoir son fils se débattant dans l'eau glacée derrière le navire. Il voulut se jeter à l'eau. On le ceintura. Le temps que le navire manœuvre, on ne retrouva que la paille des bottes.

Lorsqu'il revint à Saint-Malo, le bateau avait mis son pavillon en berne pour passer la jetée. C'était signe de mort ou de disparition à bord. A cette époque ceux qui ne rentraient pas ainsi étaient rares. Bientôt ce fut le passage de l'écluse. Toutes les familles étaient sur le quai; parmi elles, ma grand-mère et ses deux filles, dont ma mère. Elles cherchaient à apercevoir le mari ou le père, le fils ou le frère. Personne. Quand mon grand-père apparut sur le pont, il avait la tête basse.

— Mais où est Jean-Marie? criait ma grand-mère.

Le grand-père ne lui répondait pas. Seule une larme apparut au coin de ses yeux. Depuis ce jour, ma grand-mère a toujours porté le deuil. Ses deux filles ont eu une jeunesse triste, comme bien des gens du pays malouin de cette époque.

— As-tu été au Verger? m'a demandé grand-mère juste avant le départ.

Le Verger en question n'a rien à voir avec les arbres fruitiers. Tous les gens de Cancale connaissent cette chapelle du XVIIIe, blottie au creux d'une petite anse entre les pointes du Nid et de la Moulière. Elle en a vu des processions de marins de Terre-Neuve allant faire un vœu à la Vierge avant de partir en campagne, ou au retour pour la remercier de les avoir protégés et exaucés!

Depuis plus de trente ans, avant chaque campagne, je me rends à pied à Notre-Dame-du-Verger. Pour moi, la tradition l'a emporté sur l'éloignement. En effet, Le Verger est situé à quatre kilomètres de Cancale alors que depuis vingt ans j'ai élu domicile à Saint-Malo, à quatorze kilomètres de là !

Une autre tradition m'était très chère : le pardon des terre-neuvas attirait des milliers de personnes de Saint-Malo et de toute la périphérie, mais aussi de Rennes, de la Manche et de bien plus loin encore. Saint-Malo à cette époque, armait une bonne dizaine de bateaux. Ils avaient fait grande toilette et hissé le grand pavois (tous les pavillons du code international des signaux flottant d'un mât à l'autre). A bord d'une vedette où prenaient place toutes les autorités locales, le cardinal de Rennes traversait le bassin pour bénir chaque bateau. Les remparts de la vieille cité corsaire étaient noirs de monde et la foule envahissait les navires. L'harmonie municipale et les fanfares donnaient le départ d'une grande fête qui allait durer plusieurs jours. Les manèges se mettaient à tourner à toute allure et j'ai encore dans le nez toutes les odeurs de gauffres, de nougat, de galettes, de saucisses mélangées à l'odeur d'iode de la mer. Nous nous grisions de ces couleurs, du bruit et des odeurs. Pour nous, c'était la grande fête, notre fête, la dernière avant le prochain grand départ, vers les mêmes horizons mais parfois avec de nouveaux compagnons ou sur un autre bateau. Le pardon était aussi une grande affaire car il nous permettait souvent de faire la connaissance d'une jeune fille qui nous écrirait et nous redonnerait le moral, là-bas.

Mon troisième voyage se fit en 1954 sur l'*Islande*. Nous avions quitté Bordeaux dans de bonnes conditions. J'avais la chance d'avoir pour compagnon de bord un vieux copain d'enfance, Francis Baslé, qui exerçait la fonction de graisseur[1]. J'aimais beaucoup parler avec lui de cette enfance que nous avions quittée trop tôt et que nous évoquions déjà avec nostalgie. Nous étions une bonne bande d'amis sortis trop tôt des bancs de l'école, à quinze ans.

En traversée, la vie était facile par rapport à ce qui nous attendait sur les bancs. A raison de neuf heures de travail par jour, nous préparions le matériel de pêche. J'essayais de m'initier au ramendage, l'entretien et la préparation des filets, mais je me rendis vite compte que personne n'y tenait vraiment. Je n'ai jamais su si le temps manquait pour m'initier ou si les détenteurs de cette science enviée voulaient se la garder jalousement.

J'avais tellement souffert, moralement et physiquement, lors du précédent voyage que je m'étais bien juré de ne pas rester matelot toute ma vie. J'avais présente à l'esprit cette phrase d'un ancien de Cancale :

— Si tu restes matelot, à quarante-cinq ans, tu seras usé, tu seras un vieillard.

Ces propos, confrontés à ma propre expérience, n'avaient fait que renforcer ma volonté d'en sortir. Je m'étais procuré des bouquins de navigation à l'école de Cancale. Dès que j'avais un moment, je les potassais.

Le ramendage était une étape indispensable. Aussi, faute d'enseignants volontaires, avions-nous décidé d'apprendre par nous-mêmes. Un soir, nous sommes descendus dans le magasin à chaluts, et après avoir taillé dans un filet tout neuf nous avons entrepris de boucher le trou ainsi fait. Quel raffut, quelques jours plus tard, lorsque le chef ramendeur découvrit notre travail. Il chercha le coupable mais ne le trouva point.

1. Auxiliaire du chef mécanicien. Pendant son quart, il doit effectuer au moins trois rondes dans tout le compartiment machine.

Je poursuivis mon apprentissage sur les bancs du Groenland dont nous approchions; un jour où j'étais de quart sur l'aileron de la passerelle par visibilité médiocre, le capitaine ouvrit la porte :

— Qu'est-ce qu'on fait quand il y a de la brume ?

— On corne, répondis-je, pensant qu'il me posait une question d'examen de navigation.

— Espèce de con, on va sur le gaillard !

Je découvris une demi-heure plus tard qu'il avait raison. Alors que j'étais transi par la brume glaciale, je vis surgir dans cette boucaille un iceberg d'au moins cinquante mètres de haut. Il passa à une centaine de mètres du bord et les vagues qui se brisaient à sa base le faisaient gronder.

J'écoutais beaucoup autour de moi. Les anciens m'ont appris à connaître la nature des fonds, ce qui permet à celui qui en a l'habitude de savoir exactement où il se trouve. J'ai tout noté sur un cahier que j'ai toujours conservé.

La pêche ne devint bonne qu'à Holsteinsborg où nous étions seuls. Un après-midi, alors que nous avions une pontée de poissons, le capitaine fit embarquer le chalut et donna l'ordre de couvrir la morue avec les peaux de vaches qui servent à renforcer le cul du chalut, puis d'aller fumer une cigarette près de l'entrée des postes. Un concurrent était en vue. Il passa tout près. C'était le *Pingouin* de Saint-Malo. Aucun poisson n'était visible et le capitaine adverse nous observait à la jumelle. Il ne s'aperçut pas de la supercherie car il continua sa route. Je sus beaucoup plus tard qu'à cet endroit nous n'étions déjà plus dans les bons fonds.

Travailler au Groenland, c'était tout un art, surtout en automne où le poisson se tenait près de terre. Les fonds étaient durs et dangereux, les pertes de chaluts importantes. Si l'on n'était pas connaisseur, il valait mieux s'abstenir. En revanche, il y avait quelques rois du coin. Le fils

Thomas, notre capitaine, était de ceux-là. Il avait appris le métier comme second de son père qui, lui-même, connaissait le Groenland comme sa poche.

Ces parages étaient agréables pour l'équipage. Nous étions près de terre et nous nous sentions moins isolés. Les anciens m'ont appris la configuration de la côte, les points de repère qui permettent de se situer : Holsteinsborg, Diveu, Arfit, Kitsitsut, Disko.

A Holsteinsborg ou à Arfit, nous pêchions des moules; plus loin, des lançons et une sorte de crevette que nous appelions « bouc ». Nous trouvions même du saumon dans le chalut, mais il était réservé à la collectivité et non plus à nos petits plats particuliers.

La cuisson des boucs et des moules était une opération fort délicate. Nous avions fauché un siphon en caoutchouc que nous branchions sur la vapeur du chauffage. L'autre bout trempait dans un seau d'eau de mer avec ce que nous voulions faire cuire. Une fois la vapeur ouverte, cela faisait un bruit terrible, un peu comme un percolateur géant. Le résultat était un régal qui nous valait de terribles coliques, mais la gourmandise était la plus forte.

Ce voyage nous laissait un peu de temps libre. Nous ne faisions que dix-huit heures quand nous n'étions pas en pontée. Nous pouvions nous occuper un peu plus de garnir nos barriques. Les joues et les langues montaient vite, mais alors que nous commencions à croire que la barrique était pleine, trois jours plus tard, le contenu s'était tassé et avait diminué d'un tiers. Les produits s'étaient rétractés pour faire place à de la saumure. Il fallait se remettre au travail.

La surprise du voyage vint d'un aumônier, le père Lalou, en visite sur les bancs. Il passait de bateau en bateau pour quelques jours, portait la bonne parole et disait la messe. Il vint à bord un dimanche. Comme j'avais été enfant de chœur lorsque j'étais gosse, il m'avait demandé de reprendre du service. Nous avions dressé un autel de fortune sur une table à trancher au pied du mât. Je me souviens du beau temps et de ma surprise quand il sortit de la petite mallette, dont il ne se séparait jamais, un ciboire et deux petites burettes solidement vissées pour ne pas perdre leur contenu. Presque tout l'équipage assista à la messe.

Les aumôniers n'étaient pourtant pas toujours accueillis à bras ouverts sur les bancs. Deux frères de Cancale commandaient deux bateaux malouins. L'un avait l'aumônier à bord et ne pêchait pas grand-chose. Chez nous, quand la pêche est mauvaise, on ne tarde jamais à trouver un responsable. Les soupçons se portèrent donc sur l'aumônier qui fut classé dans la catégorie des gens peu « pêchants ». Il fallait donc s'en débarrasser au plus tôt.

— Monsieur l'Aumônier, dit-il au passager, j'ai parlé avec mon frère. Il vous envoie son meilleur souvenir et serait très heureux de vous avoir à son bord.

— Eh bien, répondit l'aumônier, répondez-lui que je me tiens à sa disposition. Si le temps le permet demain, je pourrais être son invité.

Aussitôt, se frottant les mains, le rusé capitaine s'en fut chez le radio et demanda à parler à son frère.

— Dis donc, je t'appelle parce que j'ai l'aumônier à bord. Il m'a demandé de te dire qu'il serait très content de te retrouver. S'il fait beau demain, il demande que tu viennes le chercher avec ton doris.

Sans enthousiasme, l'autre Cancalais fut bien obligé de donner son accord. Et le lendemain, l'aumônier changea de bord, le capitaine du bateau qu'il quittait lui faisant de grands signes de la main et arborant un sourire triomphant...

La clémence du temps était un autre avantage du Groenland. Heureusement, car notre bateau, construit en France en 1940, riveté de partout, était un rouleur de première. Les coursives arrière étaient presque toujours dans l'eau. Une filière était suspendue au-dessus de nos têtes et, lorsque par mauvais temps les paquets de mer embarquaient, nous nous y suspendions comme des singes. Nous étions jeunes et nous nous en amusions, ce qui n'était pas toujours du goût des anciens.

Dans le mauvais temps les trieurs de foies n'étaient pas à la fête. Lorsque leur brouette était pleine, il fallait la rouler jusqu'à l'arrière du navire, en passant par la coursive bâbord devenue une véritable patinoire à cause des foies et de l'huile.

Les fonds étaient mauvais et les avaries fréquentes. Quand il y avait un trou dans l'aile du chalut, nous étions deux ou trois jeunes à nous disputer l'honneur de la réparation. Toujours cette volonté d'apprendre ! A la fin du voyage, je ne me débrouillais pas trop mal. L'essentiel était d'intervenir avec une grande rapidité car le temps était précieux.

Je me souviens d'avoir un jour sorti une des cigarettes que je conservais dans ma casquette pour les préserver de l'humidité.

— Eh là, l'homme à la cigarette, vous n'avez que ça à faire ?

La passerelle me rappelait à l'ordre. Il y avait intérêt à être docile car les bonnes places étaient fort recherchées. Pour le comprendre, il suffisait de se rendre dès l'arrivée des bateaux, fin novembre, devant les domiciles des capitaines de la région malouine. Dès 7 heures du matin, une quinzaine d'hommes y faisaient la queue. Parfois après deux heures d'attente la femme du capitaine suspendait une pancarte à la poignée de la porte : « Équipage complet ». Il ne restait plus qu'à faire la queue le lendemain chez un autre.

Les choses étaient un peu différentes pour les meilleurs, retenus d'avance. Parfois, conscients de leur valeur, ils tentaient de faire monter les enchères, mais l'accord ne se faisait pas toujours. Alors ils s'en allaient chercher fortune ailleurs. Cette décision fut la mienne car j'avais compris que sur l'*Islande* la promotion serait difficile. C'était décidé, je ne resterais pas matelot.

Cette campagne m'avait tout de même permis de rapporter à ma mère un mandat de cent soixante-huit mille francs auquel s'ajoutaient le salaire mensuel et les congés payés. C'était une grosse somme en 1954 pour un gamin de mon âge, mais ce n'était pas une fortune par rapport aux interminables journées de travail et aux souffrances endurées.

— Pas question de dilapider ce que tu as gagné. Si tu veux de l'argent de poche pour les fêtes, va travailler aux huîtres.

Ma mère avait des principes, presque tous mes copains étaient logés à la même enseigne. Nous allions travailler chez les ostréiculteurs de Cancale qui avaient de gros besoins de main-d'œuvre avant les fêtes de fin d'année. Les jeunes comme nous étaient fort prisés, habitués qu'ils étaient aux dures conditions des bancs de Terre-Neuve. Le travail des huîtres n'était pourtant pas de tout repos. Suivant la force de la marée, la mer ne découvrait les parcs qu'un court laps de temps pendant lequel il fallait récolter le plus d'huîtres possible et les mettre en sac.

La plupart des gens descendaient à pied. Moi j'y allais souvent en doris, une heure avant le bas de l'eau, et je me laissais échouer dans le parc. Les sacs étaient chargés dans le doris. Pendant que les gens remontaient à pied, faisant parfois plusieurs kilomètres dans la vase, avec mon doris plein à ras bord j'attendais stoïquement que la mer monte.

Je sortais mon casse-croûte de ma musette, et j'ouvrais de belles huîtres plates bien pleines. Je prenais quand même la précaution de garder les coquilles vides à bord pour les jeter plus tard, loin de mon parc, afin que le patron ne s'aperçoive de rien.

Les gars y allaient de bon cœur

J'avais appris par des collègues qu'un jeune capitaine allait faire ses débuts sur le *Président-Houduce.* Il cherchait des ramendeurs et des aides-ramendeurs. Je me suis présenté. Il me connaissait, car il était de Cancale. Nous avons eu un court entretien puis il m'a dit :

— Repasse demain.

Je compris qu'il voulait s'accorder le temps de la réflexion, c'est-à-dire de prendre des renseignements sur moi.

Le lendemain, j'étais engagé comme aide-ramendeur, ce qui correspondait à un avancement intéressant. J'en étais fort content et je me consolais de la vieillesse du bateau en pensant à la jeunesse de l'équipage. La suite me donna raison. La pêche fut bonne et le bateau fit trois voyages. L'encadrement des jeunes, majoritaires, par des anciens donna d'excellents résultats. En se montrant avisé, le capitaine était à l'orée d'une bonne carrière.

Bordeaux était toujours notre port d'attache mais le *Président-Houduce* ne dépendait pas des Pêcheries de Bordeaux-Bassens. Aussi retrouvais-je le train du 14 février avec tout ce que cela comporte. A Bordeaux, nous avons effectivement pris possession d'un vieux bateau et l'équipe des ramendeurs, sous la direction du second capitaine, fut désignée pour se saisir du matériel accumulé sur le pont. Personne ne peut s'imaginer la quantité de choses qu'il faut emporter avec soi pour une expédition de ce genre.

Il y a bien sûr les chaluts, les sphères, les diabolos, les boules, les peaux de vaches, les panneaux dont j'ai déjà parlé, mais aussi les glènes. Elles servent à enrouler les fils d'acier qui tiennent écartée la gueule du chalut. Je ne parle pas des pyramides de bidons, de sacs anonymes, de chaînes, de câbles et de cordages. On pourrait parler d'un grand capharnaüm, d'un gigantesque bric-à-brac. Surtout pas d'une caverne d'Ali Baba, ce qui suggérerait plutôt la richesse et la splendeur. Or ce que nous embarquons est un matériel grossier, rugueux et lourd, capable de résister à des tensions énormes. Nous autres, terre-neuvas, n'évoluons pas dans la dentelle, plutôt dans l'industrie lourde, le froid et la tempête.

Nous avons respecté le cérémonial de sortie de l'estuaire de la Gironde, le gasoil et les filles du *Castel* à Pauillac, puis le bateau est sorti de l'estuaire. Il était, comme l'*Islande*, riveté de partout, mais roulait beaucoup moins. Le *Président-Houduce* était de la bonne construction d'avant-guerre. Il avait même brillamment servi comme patrouilleur avant de reprendre du service à la grande pêche en 1945.

J'étais dans le poste tribord et je m'étais choisi une couchette dans le sens du tangage. Les postes, bien agencés, reprenaient la configuration classique de ceux des chalutiers : deux tables au milieu, les couchettes autour. Il y avait une forte odeur de pieds et pour qu'on la remarque sur un morutier, il fallait atteindre des sommets. L'eau, comme sur tous les chalutiers de cette époque, était une denrée très rare.

Au-dessus de nos couchettes, nous conservions nos petits trésors. A un fil à chalut de la longueur de la couchette, fixé le plus haut possible, nous pendions nos provisions personnelles : saucisses fumées, andouilles et lard. Par gros temps, tout cela dansait une valse sans fin au-dessus de nos paillasses. Quand nous ne pouvions plus la supporter, nous l'arrêtions avec nos orteils. Je dois dire que jamais je n'ai vu quelqu'un prendre le bien d'autrui, fût-il offert de façon aussi insolente.

Dans les pieds de la couchette, il y avait la bistouille, le vin, l'eau et le pot de beurre. Chacun disposait d'un petit caisson dans lequel nous mettions notre linge. Je possédais aussi une boîte en fer qui renfermait mon portefeuille, mes photos, mon nécessaire de couture, de quoi écrire et ma petite pharmacie. Car celui qui allait se faire soigner à la passerelle n'était pas bien vu de ses collègues. Cela faisait deux bras en moins. Aussi n'y allions-nous que dans les cas graves qui ne pouvaient être contestés par aucun camarade de travail. La pharmacie personnelle était donc un accessoire indispensable.

La propreté du poste, sur tous les bateaux, était assurée par les novices. C'est aussi à eux qu'il incombait d'aller chercher la nourriture à l'arrière du navire. Ils devaient se servir les derniers puisque, posant les gamelles sur les tables, ils n'avaient que le temps de se précipiter à nouveau aux cuisines pour aller chercher la suite. Les pauvres n'étaient pas à la noce. Plus d'une fois, j'ai dû prendre leur défense devant des vieux grognons. Je le faisais d'autant plus volontiers que je n'avais pas encore oublié ma propre expérience. Une dernière corvée incombait à ces gamins, laver les postes pendant les marées de cape.

Après une traversée assez dure, nous avons mis en pêche et nous avons vu tout de suite que le chalut marchait bien.

Le rendement était bon. Nous travaillions le plus souvent seul, à l'écart des autres bateaux, et c'est avec plaisir que nous avions retrouvé, dans le golfe du Saint-Laurent, des endroits familiers comme cap Ray ou cap Anguille. Entre les deux, sur la côte ouest de Terre-Neuve, nous pouvions voir passer le train tous les matins, ce qui rappelait à la civilisation.

Malgré trois ou quatre jours de mauvais temps, la pêche était bonne et le bateau s'alourdissait. Un matin, alors que nous embarquions une pontée, un gros paquet de mer nous surprit par l'arrière. Il roula dans le travers et explosa dans les parcs où je me trouvais avec trois collègues. Les parcs, qui peuvent stocker environ trois tonnes de poissons chacun, étaient pleins. Le bateau prit une sérieuse gîte tribord. Une braise, un madrier, me frappa dans le dos. Nous étions dans l'eau jusqu'au cou. On s'agrippait où l'on pouvait. J'avais saisi la bretelle, le hauban qui sert à la distribution du poisson au-dessus des parcs. J'étais dans l'eau à l'horizontale, entraîné par la mer qui quittait les parcs, balayant tout sur son passage.

Le navire s'est secoué deux ou trois fois, comme pour s'ébrouer. Puis nous avons mis à la cape et nous avons été bons pour aller nous changer. Nous avions déjà oublié cet incident qui aurait pu coûter plusieurs vies humaines mais faisait partie de nos « faits divers ». Quant à la morue, il n'en restait pratiquement plus une seule sur le pont.

Une nuit, nous avons été réveillés par de grands chocs le long de la coque. Le bateau entrait dans la banquise. Cela laisse une impression inoubliable. La mer tombe d'un seul coup. Ne subsistent plus qu'une houle très légère, à peine perceptible, et cette immensité blanche et un peu sale sur laquelle on aperçoit de temps en temps une famille de phoques. Parfois, au milieu de la banquise, on traverse d'immenses clairières d'eau sans glace. Là pour peu qu'il y ait du soleil, on a l'impression d'être entrés dans un monde nouveau et clément.

C'est au milieu de l'une d'elles que nous avons filé le chalut.

— Six cents mètres, annonca le premier lieutenant.

Sécurisante, la terre était toute proche. Des forêts de pins faisaient de grandes taches vertes sur l'immense tapis blanc. Avec le soleil, la banquise faisait mal aux yeux. D'énormes blocs de glace, gros comme la moitié du navire, passèrent à une dizaine de mètres. Mais il ne s'agissait pas encore d'icebergs, tout juste de growlers. Se déjaugeant un peu sous l'influence de la houle, ils avaient l'air de vouloir nous montrer leurs dessous de couleur verte, puis bleue, tandis que leur surface était maculée par les excréments de phoques.

Quelques bateaux se trouvaient dans les parages : le *Jupiter* et le *Louis-Legasse* de Fécamp, l'*Heureux* de Saint-Malo. A la remontée du chalut, nous avons vu son cul bleuir au bout du bras. Quand il y a beaucoup de poissons, il change en effet la couleur de l'eau en arrivant à la surface. En deux traits, nous étions à la cholle. La campagne commençait bien.

De toute cette campagne, nous n'avons eu qu'une marée de paradis qui dura trois jours. Ils étaient décomptés de nos congés payés mais nous permettaient au moins de nous refaire quelques forces. Au cours de l'un d'eux j'étais l'homme de quart à la barre et il fallait gouverner le plus droit possible pour éviter les paquets de mer. A midi, le capitaine Henri s'est approché de moi avec un verre d'apéritif à la main. Il l'a posé sur le compas devant moi, sans dire un mot. Je fus extraordinairement surpris et flatté. Je ne buvais toujours pas de vin et c'était mon premier apéritif depuis le départ. Mais je le bus avec un réel plaisir car pour moi c'était beaucoup plus qu'un simple verre.

Arriva enfin l'ordre de mettre le cap sur Bordeaux. Sur tous les bateaux, un jour de débanquage, ça se fête. Nous avions trois accordéons dans les postes d'équipage et trois ou quatre joueurs d'harmonica. Ils mettaient un peu d'ambiance après le travail. Cette nuit-là, ce fut autre chose, d'autant que le voyage avait été bon. Nous allions retrouver les nôtres en ayant le sentiment de n'avoir pas perdu notre temps.

Le lendemain, il faisait beau. Les hommes ont alors commencé la toilette du navire, le démontage des parcs et la remise en ordre. Les potes, ces paniers d'osier qui peuvent contenir cinquante kilos de morue, servaient à remonter de la cale le sel nécessaire pour décaper toutes les matières grasses laissées par le poisson, le foie, l'huile, la tripaille et le sang. Munis de brosses, les gars y allaient gaiement pour ce grand lessivage.

Il y avait beaucoup de prétendants pour « potasser » la cheminée. Elle était considérée comme le domaine réservé du chef mécanicien et le travail était toujours effectué par quatre hommes. Le chef leur offrait l'apéritif midi et soir pour peu qu'il soit satisfait du travail. Inutile de dire que la cheminée était bichonnée.

Le plus difficile, c'était l'entretien des mâts. En pleine mer, ce n'était pas de la rigolade. On a toujours fait appel à des volontaires pour grimper dans la mâture. J'ai essayé une fois, au départ. Je montais bien dans les haubans mais, arrivé à la hune, j'ai bêtement regardé en bas. Le navire roulait. Cela m'a stoppé net. Le vertige m'a pris et j'ai commencé à paniquer. Je suis resté complètement paralysé pendant cinq bonnes minutes. Elles m'ont paru une heure, puis j'ai fait tout doucement marche arrière. Je n'ai jamais fait de nouvelle tentative; le vertige se domine difficilement.

Les deux hommes de la mâture se promenaient sur la

hune avec autant d'aisance que sur le plancher des vaches. Au roulis, ils avaient l'air d'essuie-glace sur fond de ciel. Ils atteignaient la vergue puis s'amarraient au mât. En bas, un homme préparait leur seau avec de la « potasse » et de l'eau. Puis les hommes prenaient position sur des chaises suspendues à un palan que manœuvrait l'homme de pied de mât.

Nous, les ramendeurs, étions chargés du démontage du chalut. Nos couteaux coupaient bien, comme si chacun d'entre nous avait voulu prévenir le cas, pourtant très improbable, où le « vieux » aurait changé d'idée et décidé de refiler. Il n'en aurait plus été question avec un chalut en morceaux. Nous travaillions huit heures par jour mais, comme il faisait beau, le capitaine trouvait le temps d'organiser des jeux sur le pont, de ces jeux parfaitement idiots qui consistent par exemple à attraper une pièce de monnaie dans une poêle de farine. Mais quelle joie simple et quelle détente après deux mois de travail forcené.

Puis le travail reprenait le lendemain matin dans une parfaite bonne humeur; les ramendeurs rangeaient leur matériel, les autres potassaient, tandis que les saleurs utilisaient toute une partie du pont pour laver leurs prélarts, ces toiles de jute qui couvrent les piles de morue salée. Ils les lavaient à grande eau, les brossaient, les rinçaient, puis les mettaient à sécher sur les filières ou sur le gaillard. Tout ce matériel servirait pour le voyage suivant.

Peu à peu notre bateau prenait fine allure. Hélas, cette propreté retrouvée ne lui rendait pas sa jeunesse. Il me faisait un peu penser à une vieille dame qui aurait cherché à s'habiller comme une jeune fille.

Le nettoyage terminé, il restait à accomplir le bouclage de nos sacs. C'est peut-être à ce moment-là que nous prenions le plus conscience du côté anormal de notre existence. Faute d'eau douce, il n'était pas question de nous laver. Nous avions porté pendant plusieurs semaines la même chemise, le même pantalon et la même vareuse pleins de sang, de tripaille et d'eau de mer, raides comme des morceaux de bois. Quant à l'odeur, même si nous y étions habitués, nous commencions à la percevoir à nouveau et à nous dire que, lorsque nous arriverions à la maison, ces sacs sentiraient tellement mauvais qu'il faudrait les vider dans le jardin. Et dire qu'il y avait des douaniers qui n'hésitaient pas à accomplir leur devoir en fouillant nos affaires! Nous les trouvions bien courageux pour des terriens.

Ma pauvre mère mettait le sac à tremper pendant deux jours. Elle faisait bouillir tout ce qui pouvait supporter ce traitement de choc.

Ces sacs présentaient cependant un avantage considérable lorsque nous rentrions en train : nous étions assurés de trouver des places assises. Les voyageurs s'enfuyaient immédiatement des compartiments.

Quand nous apercevions plusieurs navires marchands sur la même route, nous savions que nous coupions la ligne Ouessant-Finistère. Nous n'avions plus besoin de faire le point et dans vingt-quatre heures nous serions à Bordeaux.

L'affaire fit un beau scandale

Pendant les deux années de mon service militaire, mon ancien capitaine, qui avait la cote auprès des armateurs, avait été engagé pour commander un bateau tout neuf de Saint-Malo, l'*Alex-Pleven.* A bord, les places étaient extrêmement chères, surtout pour les ramendeurs. Mais il ne m'avait pas oublié et m'avait retenu une place sur le *Colonel-Pleven,* le bateau que commandait son père. Mon contrat d'aide-ramendeur fut établi pendant une permission. Libéré de Cherbourg le 14 février 1958, j'embarquais le lendemain sur le *Colonel,* sans même avoir le temps de passer une nuit à la maison.

Les cinquante-cinq hommes d'équipage étaient pour la plupart du pays malouin. Le capitaine, le père Henri, un homme bon et un marin excellent, avait longtemps commandé les voiliers avant de passer sur les chalutiers. Les manœuvres étaient si différentes qu'il avait dû effectuer une véritable reconversion. Le *Colonel* avait le même âge que le bordelais *Finlande* que je connaissais bien. Ils avaient tous les deux été construits aux États-Unis, en 1948.

Sur le *Colonel,* nous avons bénéficié d'un temps relativement clément pour rejoindre les bancs. Je n'étais peut-être pas un habitué de l'armement Pleven mais je retrouvais plusieurs connaissances à bord.

A l'avant, nous étions dix-sept ou dix-huit par poste. J'étais bâbordais et participais au montage des chaluts dans la cale. Nous travaillions sur le sel mais nous étions au moins à l'abri des embruns. La chique était en usage dans cette équipe de ramendeurs qui faisait une grosse consommation de tabac en carotte. Le jus de chique fusait régulièrement sur notre montagne de sel. En revanche, la passerelle du *Colonel* ignorait cet usage tandis que sur l'*Islande* et le *Finlande* une traînée jaunâtre dégoulinait en permanence depuis le carreau tribord jusqu'au treuil. Cette pratique a complètement disparu au début des années soixante-dix.

Le résultat de nos premiers traits sur les bancs fut mitigé : moitié morues, moitié sébastes que nous appelions des rouges mais qui n'avaient aucune valeur marchande. J'étais heureux de retrouver tout cela après deux ans d'absence et à minuit je me suis offert un véritable gueuleton avec des rouges grillés.

Je faisais partie de l'équipe avant et nous étions chargés d'amarrer le cul, c'est-à-dire de fermer la poche du chalut avec un gros filin. Il fallait toujours faire très vite car sur un bateau le temps est précieux. Il nous fallait à peu près une minute entre chaque palanquée pour amarrer le cul en faisant un tour et demi autour des dernières mailles avec un filin de chanvre à peu près gros comme deux pouces.

Larguer était aussi un drôle de sport. Il fallait tirer d'un coup sec sur le filin que nous avions noué pour faire tomber le contenu du chalut sur le pont. Le largueur avait évidemment toujours son suroît : à peine avait-il tiré le filin que la poche s'ouvrait, le chalut devenait une gigantesque chaussette de cinquante mètres de long, pleine de plusieurs dizaines de tonnes de poisson. Nous la vidions progressivement par vagues de trois tonnes. Chaque vague nous faisait reculer et nous engloutissait peu à peu dans le poisson jusqu'au ventre.

Travailler dans ces conditions n'était pas facile, surtout lorsque les prises atteignaient jusqu'à quinze pales. Nous nous retrouvions alors avec quarante-cinq tonnes de poisson frais sur le pont. La dernière palanquée larguée, nous amarrions le cul de façon beaucoup plus solide avant de le refiler à l'eau.

Le poisson tombait régulièrement sur le pont du *Colonel* et le père Henri se montrait toujours aussi bon capitaine de pêche. Cela ne nous empêchait pas de trouver le temps de lui faire quelques bonnes blagues. Nous avions par exemple fait escale à Saint-Jean de Terre-Neuve quelques jours avant le carnaval. Toute l'équipe de virage de l'avant avait acheté des masques. Au jour dit, nous sommes montés masqués sur le pont après avoir échangé nos cirés. Habitué qu'il était à nous appeler par nos noms, le pauvre père Henri était incapable de nous reconnaître et ne savait où donner de la tête.

Une autre fois, deux ramendeurs qui voulaient améliorer un peu l'ordinaire lors d'une escale étaient allés manger dans un restaurant chinois. L'un d'entre eux avait remarqué que les gens arrosaient leurs frites avec du vinaigre. Il subtilisa un vinaigrier et s'en alla aux toilettes. On devine la suite. Ils attendirent qu'un autre client arrive et passe commande. Bien entendu, quand les frites furent servies, elles eurent droit à une copieuse ration du fameux vinaigre. Mais, incapables de retenir leurs rires, nos deux lascars payèrent rapidement et détalèrent. Ils n'ont jamais su si le client avait apprécié.

Cette anecdote semble moins drôle quelques années plus

tard. Mais elle montre combien il est difficile de se maîtriser après plusieurs semaines de navigation et de travail intensif. Que ce soit lors des escales ou à bord, nous avions régulièrement besoin de ces moments de détente. Ils constituaient comme une sorte de soupape et les choses se passaient en général de façon assez gentille.

Avec Jacques, le radio du *Minerva,* nous avions mis au point toute une panoplie de plaisanteries. Nous recouvrions d'adhésif transparent les lunettes du chef. Un jour qu'il avait laissé une pelote de fil à coudre sur son bureau, nous avons transformé sa cabine en une gigantesque toile d'araignée. Il s'est vengé en me mettant une poignée de gros sel dans un seau de lessive où trempait mon linge.

Un jour que Jacques était en liaison graphie avec la France, assis dans un fauteuil en bois dont j'avais remarqué le fond incurvé, j'ai profité de ce qu'il avait son casque sur les oreilles pour lui verser un demi-litre d'eau dans le siège. Avant qu'il s'aperçoive de quoi que ce soit, j'avais déjà regagné mon poste à la passerelle.

Il n'était pas rare de retrouver de l'eau de mer à la place de l'eau douce, du vinaigre dans le vin, de la farine dans les casquettes, de la graisse dans les mitaines à virer des chefs de bordée. Il fallait se méfier en permanence. Un jour, j'avais réussi à mettre des cartouches de stylo à bille rouge, coupées en morceaux, dans la pomme de douche d'un collègue. Sur ce coup d'éclat, je croyais avoir le dernier mot. Il n'en fut rien et sa vengeance fut éclatante : lors du retour à Bordeaux, peu avant de débarquer, je n'ai pas remarqué que le siège de mes toilettes avait été enduit de cirage noir. Ce soir-là, à l'hôtel, ma femme eut une belle surprise.

Les fumeurs de pipe ont toujours constitué des victimes idéales. Un jour, je me retrouvai avec du poivre dans mon tabac, ce qui est assez désagréable. Persuadé que c'était un coup du chef mécanicien, je pris un kilo de pâte à pain que je glissai dans ses bottes, un soir qu'il était couché. Le lendemain matin, catastrophe, la pâte avait monté, débordé des deux bottes et ne formait plus qu'un seul bloc. L'affaire fit un beau scandale. Bien sûr, je n'étais au courant de rien.

Le chef du *Minerva* avait-il une fâcheuse tendance à prendre la plus grosse part des gâteaux qu'il adorait ? Nous nous faisions un devoir de la garnir de moutarde. Toujours sur le même bateau, nous avions eu droit pour mardi gras à une crêpe par personne. La mienne fut cuite avec beaucoup de fil blanc à l'intérieur, ce qui me laissa une impression inoubliable.

Plus tard encore, en mer de Barents, j'étais entouré de deux fumeurs de pipe : le chef et le radio, alors que j'avais cessé de fumer. Le premier avait un pot à tabac sur son bureau et le radio venait régulièrement y puiser. Avec des ciseaux, je coupai les bords de mon paillasson et je mélangeai au tabac les morceaux récupérés. Je renouvelai l'opération deux fois par semaine. Ça devait être agréable, car en quatre mois ils ont fumé le quart de mon paillasson !

Il pouvait arriver cependant qu'une plaisanterie tourne mal. Lorsque, en tant que capitaine, je fis mon dernier voyage sur un classique, pendant une escale à Saint-Pierre le lieutenant est venu frapper à ma porte vers 2 heures du matin. Je dormais.

— Les gendarmes sont là et veulent vous parler.

Je me levai en maugréant, enfilai un survêtement. Deux gendarmes accompagnaient les patrons du restaurant *Le Tonneau* que je connaissais.

— Que s'est-il passé ?

— Eh bien voilà, me dit le patron du *Tonneau,* nous avions à dîner ce soir quelques notables de l'île. Au moment de partir, les manteaux de ces dames, visons et autres, avaient disparu. Vous comprendrez qu'il n'est guère agréable de sortir en robe quand il fait moins vingt.

— Je comprends parfaitement, mais en quoi cela me regarde-t-il ?

— C'est que, voyez-vous, quatre hommes de votre équipage étaient aussi à dîner dans notre restaurant. Et ils sont partis juste avant les Saint-Pierrais.

Je commençai mon enquête. J'appelai les hommes de quart et les officiers qui avaient veillé dans la soirée. Bientôt je savais le nom des quatre marins qui étaient revenus à bord avec de volumineux paquets. Je les appelai un par un et les interrogeai devant les gendarmes. Bien vite ils lâchèrent le morceau et allèrent me chercher les manteaux qu'ils avaient cachés dans la cale à chalut.

Je rendis les manteaux et après avoir fait de plates excuses, j'obtins que la plainte soit retirée. Je promis aussi aux gendarmes que je m'occuperais des voleurs. Une fois en mer, je leur demandai de s'expliquer.

— Eh bien voilà, captain ! On avait bu et puis on avait été à une kermesse. Là-bas, nous avons gagné deux poules. En allant au restaurant, nous avons mis nos poules au vestiaire et au moment de repartir elles n'y étaient plus. Alors nous avons pris des manteaux à la place.

Je les menaçai de faire un rapport en arrivant s'ils ne filaient pas droit pour la fin du voyage.

Bonne pêche et bonne ambiance mais ce voyage du *Colonel* n'a pourtant pas été sans histoire. D'abord, nous avons fait du Nord, rencontré des icebergs, puis la banquise et enfin, le froid. Pas au même point cependant qu'en mars précédent où, plusieurs jours de suite, j'avais eu la désagréable surprise de me réveiller en trouvant ma couverture collée à la coque par le froid. Les couchettes touchaient presque la coque. La condensation ruisselait sur la tôle. Il nous arrivait de nous réveiller avec des stalactites de cinquante centimètres à côté de nous. Et quand la couverture s'appuyait sur la tôle, elle y restait collée.

Il y a eu un changement d'ambiance perceptible quand Édouard, un trancheur, a cessé de nous parler. Cela a duré deux ou trois jours puis, perdant patience, je lui ai demandé ce qu'il avait contre nous.

— Oh rien !

— Bon sang, tu vas me le dire ! Tu as de mauvaises nouvelles ou quoi ?

Il a fini par me dire que son portefeuille, dans son caisson, avait disparu. Immédiatement, je me précipitai sur la boîte à biscuits qui ne me quittait jamais. Plus de portefeuille ! Nous avons aussitôt décidé de prévenir tous les gars du poste. Au moment de passer à table, tout le monde était au courant : il manquait six ou sept portefeuilles, quant aux autres, leur argent avait disparu. Bien évidemment, tout le monde se suspectait, les hommes se regardaient en chiens de faïence. L'atmosphère était devenue irrespirable.

J'avais cependant un suspect. Malade, un garçon de dix-sept ans était depuis une semaine exempté de travail et restait couché dans le poste. J'en parlais avec quelques copains. Ils jugèrent la chose possible car, quand nous étions au poisson et que la bordée dormait, il avait toute latitude pour agir. Nous décidâmes de procéder avec prudence mais de prévenir le capitaine.

— Je verrai ça, mais de votre côté, essayez de savoir, répondit-il.

Deux jours plus tard, je tentai un véritable coup de poker et m'attardai près du malade.

— Tu sais, lui dis-je, heureusement pour toi que je n'ai rien révélé, mais je sais que c'est toi parce que je t'ai vu.

Il changea de couleur.

— Je t'ai vu parce que je ne dormais pas. Je t'ai même vu ouvrir le caisson d'Édouard. Alors réponds ou je te fous une branlée.

— Eh bien oui, c'est moi !

— Qu'as-tu fais des portefeuilles ?

— Vous les trouverez dans le servomoteur, derrière des bouteilles d'air.

— Mais quand les as-tu mis là ?

— En allant chercher des médicaments à la passerelle.

J'ai averti le capitaine et nous sommes allés voir. Les portefeuilles étaient bien là, y compris le mien, mais ils étaient tous vides. Le capitaine a appelé le gamin pour l'interroger. Il nous a répondu qu'ayant pris peur il avait jeté tout l'argent à l'eau. Nous avons fouillé toutes ses affaires, en vain.

Le capitaine fit un rapport sur ces vols. Nous récupérâmes notre argent à l'armement, sur la bonne foi de notre déclaration. Ces sommes furent retenues sur la paye du voleur. A cause de son jeune âge, le capitaine ne fit cependant pas de rapport à la Marine. En revanche, le gamin fut remercié par l'armement et, comme dans ce métier les nouvelles vont vite, il ne retrouva pas de place.

Peu à peu, la pêche avait diminué et nous savions que l'ordre de débanquer attendu avec impatience n'allait pas tarder. Que l'attente était longue dans ces jours-là ! Enfin le capitaine nous dit un beau matin d'embarquer le chalut. Le chalutier fit route et nous apprîmes par l'homme de quart que nous avions le cap à l'est.

Les traversées sont souvent bonnes en juillet et ce fut le cas. La potasse fut vite faite mais il nous fallut repeindre le bateau, conformément à la coutume malouine. Des kilos de peinture avaient été embarqués au départ. Naturellement, faute de temps, nous peignions par-dessus la rouille et la saleté.

Depuis deux mois, j'avais prévenu le capitaine que je débarquerais pour préparer le cours de lieutenant de pêche à Cancale. Nous devions un préavis de quarante-cinq jours à l'armement. Dans le cas où cela n'était pas respecté, l'armateur pouvait nous obliger à réembarquer ou porter plainte devant le directeur des Affaires maritimes pour rupture de contrat; les conséquences étaient alors dramatiques pour la carrière du futur officier.

Nous devions livrer notre morue à La Pallice où un car nous attendait pour nous rapatrier à Saint-Malo. Vers 11 heures nous accostions et l'armateur montait à bord. Aussitôt, plusieurs matelots allèrent le saluer et surtout se plaindre de la nourriture qui avait vraiment été infâme.

— Je sais bien les gars, je sais bien les gars! répondit le père Pleven avec son inimitable accent des Côtes-du-Nord. Mais que voulez-vous, vot'cuistot l'tait ben mauvais! Et puis j'va vous dire, pour oublier tout ça, on va aller prendre un bon apéritif.

L'incident était clos. Un sacré bonhomme que ce père Pleven! Capitaine, il avait réussi à s'acheter un bateau. A quarante ans, il était armateur. Peu après, il achetait un deuxième chalutier. Survint la guerre. Après la Libération, il se retrouva propriétaire, au titre des dommages de guerre, de deux unités superbes pour l'époque, le *Colonel-Pleven* en 1948 et le *Capitaine-Pleven* en 1950. Quinze ans plus tard, il était à la tête d'une flotte moderne de trois navires-usines valant chacun plusieurs milliards de centimes. En une seule génération, c'est un beau résultat!

A notre retour, du côté de Montaigu notre car avançait péniblement, suivi par deux religieuses en 2 CV. Je ne sais quelle mouche piqua un certain Marcel, toujours est-il qu'il s'assit sur le dossier de la banquette au fond du car. Là, il baissa culotte pour exposer la partie charnue de son individu à la vitre arrière. Aussitôt, les deux petites sœurs essayèrent de chasser cette horrible vision en mettant leur main en avant comme pour se protéger d'un soleil rasant. Ce n'était certainement pas facile pour la conductrice, car la 2 CV s'est mise à faire des embardées de gauche à droite, les cornettes suivant le roulis. Bientôt elles ralentirent et disparurent de notre horizon. Je crois que nous avons ri aux larmes jusqu'à Saint-Malo.

Le soir sur les quais, on a vite fait de glisser

Chaque port morutier avait ses coutumes et sa main-d'œuvre. Bordeaux n'échappait pas à la règle. Le jour de l'arrivée, le capitaine demandait à certains marins de l'accompagner au tribunal de commerce pour « affirmer » le rapport de mer. Il était lu à haute voix par l'homme de loi qui les interrogeait ensuite sur la véracité des faits, puis leur faisait signer le procès-verbal en tant que témoins.

Cette fois avec Damien, le collègue qui m'avait accompagné au tribunal, nous avons dormi à bord, regrettant de ne pas encore profiter de draps que nous n'avions pas utilisés depuis plus de deux mois. Le lendemain, à 7 heures précises, les panneaux de cales étaient ouverts et soixante hommes se tenaient sur le quai. Les dockers prenaient possession du bateau.

Le navire se mit à bourdonner comme une ruche. Cette image s'imposait d'autant plus que je n'entendais pas un seul mot en français. Je ne sais combien de langues et de dialectes pouvaient employer tous ces hommes. Les Espagnols, les Portugais et les Africains dominaient.

Notre rôle consistait à surveiller la livraison. Nous

devions contrôler les tailles, les poids et surtout essayer d'éviter les vols. Chacun d'entre nous était muni de deux petites balances à fléau avec des poids. Quand nous avions l'impression qu'une morue n'était pas rangée dans sa catégorie de poids, nous la pesions et nous portions réclamation s'il y avait effectivement eu erreur.

Les calibres étaient précis. Les morues de plus de deux kilos entraient dans la catégorie des « grands poissons »; de un à deux kilos, dans celle des « moyens »; en dessous il y avait encore celle des « petits » et celle des « papillons ». Cette classification explique l'importance qu'avait alors le chef saleur.

Le salage était en effet très différent selon les ports et les besoins de la clientèle. C'est ainsi que sur les chalutiers bordelais ou sur ceux qui destinaient leur production aux importantes sécheries de cette ville, on salait à 60/40, c'est-à-dire qu'il fallait soixante tonnes de sel pour traiter quarante tonnes de poissons. Les Malouins travaillaient à 55/45 tandis que les Fécampois avaient l'habitude du 50/50.

Ces différents usages venaient essentiellement du goût des acheteurs. Certains voulaient un poisson sec, ce que donnait le traitement à 60/40, d'autres préféraient un poisson saumuré comme celui des Fécampois. Quand les bateaux travaillaient sur les mêmes bancs, les résultats à la livraison étaient défavorables à ceux qui salaient le plus; aussi pour combler ce handicap, Malouins et Bordelais fréquentaient-ils davantage le Groenland où le poisson était très beau. A quelques exceptions près, les Fécampois se cantonnaient sur Terre-Neuve et le Labrador.

Inutile de dire que les saleurs avaient, au figuré, une balance dans les mains. Plusieurs faisaient d'innombrables tests, de voyage en voyage; l'origine du sel avait également son importance. En plus, si l'apport de sel était insuffisant, une bactérie, le « rouge », pouvait s'attaquer à la morue et la rendre impropre à la consommation. C'était alors une perte sèche pour l'armateur et pour les hommes, ce que personne ne supportait après trois mois de bagne.

Pour le déchargement, l'armateur était présent sur le pont. Je passais presque la journée à confectionner des colis de poissons pour lui et ses amis. Mais il fallait aussi surveiller la sortie des cales car, sur les morutiers comme sur les autres bateaux, les dockers avaient l'habitude de prélever leur part. Toutes les ruses étaient bonnes. Certains s'attachaient les poissons autour du ventre, d'autres se mettaient la veste sur les épaules et la morue dans le dos, d'autres enfin portaient des tabliers cirés qui cachaient de beaux spécimens. La meilleure astuce pour prendre les fraudeurs était de se placer sous l'échelle au moment où les dockers montaient.

Damien et moi en avions déjà pris plusieurs, plus la livraison avançait, plus nous nous mettions les dockers à dos. J'en fis part à Damien.

— Il faudrait peut-être qu'on largue un peu de lest !

Moi, j'étais presque toujours aux colis. Il en avait des amis notre armateur ! J'avais calculé que j'en faisais une vingtaine par jour. Mais je n'oubliais pas que nous étions réglés sur le cinquième de la cargaison, ce qui voulait dire que sur vingt colis l'équipage aurait dû avoir droit à quatre. En fait, on ne nous donnait rien du tout

Théoriquement les douaniers surveillaient la porte du port et étaient censés fouiller les dockers de temps en temps. Ils auraient dû contribuer au moins autant que nous à empêcher les détournements de marchandise. J'ai compris qu'il n'en était rien lorsqu'un contremaître s'est hasardé à me dire :

— Vous avez bien fait de mollir, les gars. Le soir, sur les quais, on a vite fait de glisser.

Était-ce une intimidation ? Je ne crois pas. Il s'agissait plutôt d'un avertissement en bonne et due forme, parfaitement adapté aux mœurs des docks.

Un soir, après le travail, nous allâmes boire une bière au bistrot du coin. Le café était plein de dockers et notre arrivée ne les dérangea pas le moins du monde. Certains nous proposèrent même un verre. Des gens entraient et sortaient en permanence par une porte intérieure. Leur manège m'intriguait et j'essayai de voir ce qu'il pouvait bien y avoir derrière cette porte. Impossible. Je me dirigeai alors vers les toilettes qui se trouvaient dans le même secteur. Là, je n'en crus pas mes yeux : dans la pièce mystérieuse, il y avait une bascule à côté de laquelle se trouvait entassée près d'une tonne de morues. De notre morue ! Comment avait-elle pu arriver jusque-là ?

En sortant, je racontai à Damien ce que j'avais vu.

— Dire que nous, quand on va partir, il va falloir demander l'autorisation d'emporter chacun deux morues !

Je ne pus m'empêcher d'avoir une pensée pour l'équipage. Nous avions tant travaillé. Ce n'est pas celui qui travaille le plus qui remporte la plus grosse part !

Nous sommes repartis, Damien pour les Côtes-du-Nord, moi pour Cancale. Nous avons voyagé ensemble jusqu'à Rennes, avec nos sacs et notre puanteur. Nous avions droit à neuf jours de congés avant une nouvelle campagne. Neuf jours pour rattraper tout ce que nous avions manqué en trois mois d'absence. Neuf jours avant un voyage en tous points similaire au précédent.

Vous, je vous ai déjà vu quelque part !

Je me suis souvent demandé comment j'aurais pu faire pour ne pas être marin. Je suis né aux Affaires maritimes de Cancale ; ma mère était employée de ce que l'on appelait alors l'Inscription maritime. L'administrateur devint mon parrain et j'héritai de son prénom.

La falaise, la grève et les rochers ont constitué mon premier terrain de jeu. Comme tous les gosses, j'aimais jouer avec les galets, faire des ricochets à la surface de l'eau. Très vite je suis devenu habile au maniement des doris pour aller dénicher les crabes dormeurs et les homards dans les rochers.

Ma mère fut très sévère avec moi et surveillait mes résultats scolaires. Une seule note au-dessous de la moyenne et c'était le pain sec. Comme nous avions un carnet de notes chaque samedi, je ne fus pas à la fête toutes les semaines. Je crois bien que j'ai été condamné vingt et une fois au pain sec. Il est vrai que j'avais rapidement trouvé le remède : à chaque punition je demandais le soutien de mes camarades. Ils se faisaient un plaisir de m'apporter un goûter en cachette et je m'amusais à narguer le frère de service en arborant, dans la cour de récréation, une superbe tartine à la confiture.

Malgré la sévérité de ma mère, je n'ai jamais joué les forts en thème. Je ne me souviens que d'une seule première place; c'était en sciences naturelles et l'on m'avait interrogé sur un sujet qui me passionnait déjà : l'appareil respiratoire du poisson.

Ainsi s'est déroulée ma jeunesse, faite de simplicité et dans un environnement marin. Ma chance, comme pour beaucoup de Cancalais, fut que les Frères de Lamennais aient créé une école d'hydrographie et de navigation dans notre cité. Une grande partie des membres de l'équipage du capitaine Henri étaient ses compatriotes, la plupart de brillants marins. Capitaine, second, premier lieutenant, tout le monde était du pays.

Si tous étaient devenus officiers, dans des proportions bien plus importantes que pour d'autres ports du littoral, ils le devaient aux Frères de Lamennais, installés chez nous depuis des décennies, d'abord au Hock puis à l'École des Rimains. Beaucoup d'entre nous, simples matelots, n'auraient jamais pu se payer un cours à Paimpol ou ailleurs. En plus de l'école primaire, les frères avaient ouvert des cours du soir à l'intention des terre-neuvas dans l'école paroissiale. Puis ils avaient fondé une véritable école de navigation.

Aucune école nationale ne s'occupait alors du brevet de capitaine de pêche, cette formation ne fut assurée par l'Éducation nationale, à Saint-Malo, qu'à partir de 1969, puis l'école de Nantes, un peu plus tard, accueillit les prétendants au brevet. Il me faut donc remercier ces religieux, mais aussi tous ces bénévoles, capitaines, chefs mécaniciens, toujours disponibles pour nous. Encore à l'heure actuelle, un tiers des effectifs officiers de la Marine marchande a transité par l'École des Rimains. J'ai eu la chance de l'avoir à ma porte.

Dans le domaine maritime l'Éducation nationale paraît avoir eu un fameux retard sur l'initiative privée. Je crois qu'il en fut de même pour l'enseignement agricole. Il ne faut donc pas s'étonner si les gens de l'Ouest sont si attachés à l'enseignement privé. On peut aussi constater que la nation faisait peu de cas de la formation de ses marins et de ses cadres maritimes. Quand nous disons parfois que nous sommes des laissés-pour-compte, nous pouvons invoquer la façon dont elle s'occupait de notre formation et de notre promotion.

Nous étions environ deux cents inscrits aux différents cours de l'École des Rimains. L'âge des candidats oscillait entre dix-neuf et quarante ans. Ceux-ci préparaient leur brevet de mécanicien, leur C.A.P. d'ajusteur, de troisième, de seconde classe ou de théorie. Pour le pont, ils pouvaient préparer les brevets de lieutenant, de patron de pêche, de chef de quart ou encore de capitaine côtier.

L'école n'avait jamais été aussi importante qu'à cette époque. Sur la route exiguë qui y conduisait on pouvait croiser quelques voitures, mais surtout des processions de mobylettes qui pétaradaient. Les élèves qui n'étaient pas cancalais couchaient pour la plupart chez l'habitant. Cela fit le bonheur de plus d'une Cancalaise qui connut de cette façon son futur époux.

Ma scolarité fut bonne, mais au prix d'un travail considérable. Préparer deux compositions par semaine et faire de nombreux devoirs à la maison n'était pas une chose facile pour quelqu'un qui avait quitté les bancs de l'école depuis plusieurs années. Je dois dire que je bénéficiais d'un atout important par rapport à ceux que l'on considère comme de mauvais élèves : je savais pourquoi je travaillais et pourquoi il me fallait absolument réussir.

Pour les candidats au brevet de lieutenant, l'examen avait lieu en janvier. Je fus alors victime d'un coup de malchance qui a bien failli se répéter par la suite et compromettre toute ma carrière. Après les épreuves écrites, la moitié d'entre nous était reçue et j'en faisais partie. A l'issue des résultats, nous dînions dans un petit restaurant quand arriva le président de la commission d'examen. Il s'installa seul à une table derrière la nôtre. Il nous tournait le dos. Nous étions quatre et mes trois camarades avaient tous échoué à l'écrit. Ils en étaient fort dépités, aussi la conversation prit-elle assez vite une vilaine tournure.

— De toute manière, dit l'un, ce ne sera pas un gabarit comme ça qui m'empêchera de naviguer.

— Il ferait pas mal de se payer des chaussures neuves, surenchérissait l'autre.

Quant à moi, j'étais dans mes petits souliers. Et pour cause ! Je devais de nouveau avoir affaire à cet homme, le lendemain, pour l'oral. Aussi terminai-je rapidement mon repas pour aller me reposer et pour ne pas rester mêlé à une conversation qui risquait de mal tourner. Je tentai une sortie discrète. Hélas, il me fallut passer devant sa table. Et là, je sentis son regard se poser sur moi et j'eus l'impression d'être totalement détaillé.

Ce n'était pas qu'une impression, je l'ai vérifié le lendemain à l'occasion de l'examen de navigation instrumentale. J'attendais mon tour. Tous ceux qui m'avaient précédé m'avaient dit qu'ils avaient eu droit à deux questions. Ce ne fut pas mon cas. Après un regard glacial, il me dit :

— Je ne vous poserai qu'une seule question. Qu'est-ce qu'un radiophare circulaire ?

— C'est un radiophare tournant émettant sur tout l'horizon.

— Ce n'est pas ça.

Après une courte réflexion, je ne pus que répéter la même réponse.

— Vous pouvez sortir.

J'héritai d'un superbe zéro et je fus éliminé. Très déçu et ayant le sentiment d'une grande injustice, j'allai le trouver à la sortie :

— Monsieur le professeur, ne serait-ce que pour pouvoir répondre si on me la posait à nouveau, je voudrais connaître la réponse à la question que vous m'avez posée.

— Bien sûr. Vous deviez me répondre qu'un radiophare émet sur 360 degrés et qu'il est utile aussi bien à la marine qu'à l'aviation.

Mon écrit étant valable six mois, je pris la décision de ne pas embarquer pour Terre-Neuve le 15 février, mais de me présenter à une nouvelle cession en avril au Havre. En attendant, j'embarquai comme matelot à la pêche fraîche, puis je revins du Havre avec mon examen. J'étais fou de joie. Je savais maintenant que je pourrais monter à la passerelle lorsqu'une place se trouverait disponible.

En attendant un nouvel engagement pour Terre-Neuve, je réembarquai à la pêche fraîche, mais cette fois comme second. Nous faisions des marées d'environ huit jours. L'âge autorisé étant de vingt-quatre ans, il me fallut une dérogation pour obtenir un commandement, car je n'en avais que vingt-trois. Mais je me sentais mal dans ma peau. Malgré la dureté du métier, Terre-Neuve me manquait.

Je devais retrouver les Rimains un peu plus tard, en 1962. Les syndicats bougèrent énormément cet hiver-là. Ils exigeaient quinze jours de repos entre chaque voyage pour les trois voyages annuels et la prise de la totalité des congés à l'issue du troisième voyage. Si l'armement décidait une réduction à deux voyages annuels, ils demandaient quarante-cinq jours de congés entre les deux campagnes et la prise de la totalité du reliquat à la fin du deuxième voyage

Je venais de me marier. Voyant que le conflit risquait de s'éterniser — les navigants avaient refusé le départ du 15 février —, je bondis aux Rimains pendant une vingtaine de jours. En guise de lune de miel, j'essayai de passer mon brevet de patron de pêche.

Le matin de l'examen arriva. Nous commençions par l'écrit. Et qui retrouvai-je comme examinateur ? Mon sadique au radiophare circulaire ! Il s'est approché de ma table et il m'a dit qu'il lui semblait me connaître. J'avais les genoux qui applaudissaient sous la table. Dire que j'avais attendu cinq ans en espérant me faire oublier ! Et tout ça pour rien ! Je fus reçu à l'écrit mais je devais le retrouver à l'oral et passer avec lui l'épreuve du sextant. Vint mon tour. Je commençai le réglage de l'appareil.

— Je me demande, je cherche où je vous ai déjà vu, me dit-il.

— Moi je sais, monsieur, je vous ai aperçu quelquefois au café des Côtes-du-Nord, à Cancale.

— Ah bien ! C'est donc là ! Effectivement, je suis ami avec le gendre de la famille.

Distance angulaire... Encore une autre lecture... Ouf, ça allait. J'avais eu chaud. Mes qualités d'observateur m'avaient été utiles, car il était vrai que je l'avais vu rentrer plusieurs fois dans ce café.

Le verdict tomba. J'étais reçu. Mais auparavant, il me faudrait encore accomplir une campagne sur le *Zélande* où je m'étais engagé comme premier lieutenant.

Je devais retrouver une dernière fois l'école des Rimains, pour devenir capitaine. C'était en 1967. Jean, capitaine de l'*Arnaud-Legasse*, était fatigué en fin de voyage. Il aurait aimé se reposer et me demanda si j'accepterais de le remplacer. L'affaire n'était pas simple à arranger. J'étais patron de pêche et j'avais un brevet de second. Pas celui de capitaine.

— On arrangera ça à l'arrivée; tout au moins on essaiera, éluda-t-il.

A l'arrivée, Jean m'annonça qu'il en avait effectivement parlé avec l'armateur, que celui-ci ne semblait pas très chaud mais que j'avais rendez-vous avec lui le lendemain à 11 heures. Dans le bureau directorial, je trouvai le directeur à sa place mais il y avait en face de lui un homme vêtu d'une gabardine grise. Il portait la cravate. Cheveux frisés, tempes grisonnantes, petite moustache fine, œil malicieux. Je situais mal le personnage. Le directeur s'avança :

— Voyez-vous, mon cher Martin, je serais d'accord pour que vous remplaciez monsieur Ronarc'h, mais vous n'êtes pas capitaine de pêche. Ce n'est pas l'habitude de la maison.

— Oui, mais je croyais savoir qu'il y avait déjà eu des précédents.

— Justement, des précédents malheureux.

— Mais pourquoi n'allez-vous pas au cours ? Vous pourriez faire un contrat d'honneur avec la société.

C'était l'homme à la gabardine qui avait parlé... Jean Recher, de la *Jeune-Française*, était alors l'un des capitaines les plus connus de la grande pêche française, un homme sorti du rang lui aussi. Avec l'anthropologue Jean Malaurie, il allait publier dans la collection « Terre humaine » un livre qui allait fortement contribuer à faire connaître la vie des anciens terre-neuvas.

Si cette suggestion m'était faite par Jean Recher, comme une sorte de défi, devant le directeur de l'armement, je devais me rendre à l'évidence; la cause était entendue. Je sortis sans insister. Quand je retrouvai mon épouse qui m'attendait dans la voiture, j'avoue que j'étais un peu désabusé. Le pari me paraissait énorme. Puis, après une courte réflexion, j'eus envie de tenter le coup. Nous avions un peu d'argent devant nous. La grosse difficulté venait de ce que les cours avaient commencé le 1er octobre. Nous étions en décembre. Ils reprendraient en janvier Les frères des Rimains allaient-ils accepter ?

J'expliquai la situation au frère directeur. Il me connaissait depuis l'époque de mes culottes courtes et fixa ses conditions : il m'acceptait en tant qu'ancien élève, mais à mes risques et périls, en aucun cas je ne devais demander d'explications sur les cours que j'avais manqués.

J'avais trente-quatre ans, mon seul certificat d'études et surtout trois mois d'études à rattraper. Je me levais à 4 heures tous les matins pour travailler. Lorsque je peinais, ce qui arrivait souvent, deux camarades n'ont jamais cessé de me tendre la main, de me prêter des cours ou de me donner des conseils. Si j'ai réussi, je crois que je le dois en grande partie à Francis Brevault et Patrice Gouault.

Reçu aux écrits en juin, je disposais d'une quinzaine pour cravacher en vue de l'oral. Ce fut une épreuve de force d'autant qu'à l'écrit j'avais retrouvé mon vieil ami l'examinateur. Et toujours cette constatation par-dessus mon épaule :

— Ah vous, je vous ai déjà vu quelque part !

Certain qu'il me poserait les questions les plus dures, je m'étais préparé en conséquence ; cela me réussit. Heureusement, car nous n'avions plus d'argent et il m'aurait fallu embarquer à tout prix. Bien évidemment, les mois de cours n'étaient pas rémunérés, ne comptaient pas pour ma navigation et j'avais, en plus, perdu ma place. Mais les nouvelles vont vite dans ce métier.

Votre métier, c'est d'être observateur

Quand j'eus mon diplôme de lieutenant en poche, le capitaine du *Minerva* me proposa les conditions les plus avantageuses. Je mis donc mon sac à bord le 12 février 1960 pour un départ qui devait avoir lieu trois jours plus tard. J'avais été convoqué à l'avance afin de contrôler l'embarquement du matériel et des vivres. Mon contrat était de deux parts trois quarts mais je devais aussi m'occuper de la cambuse.

J'étais heureux et plein d'espoir, car j'allais, pour la première fois, faire une campagne à la passerelle, ce qui me permettait d'échapper au travail pénible du pont et me donnait la possibilité de beaucoup apprendre.

Je ne connaissais personne à bord. Le plus jeune au carré, je devins rapidement très ami avec Jacques, le radio. Il est vrai que nous avions respectivement vingt-trois et vingt-cinq ans. Le second, Gaston, était un brave homme en fin de carrière qui, lui aussi, avait connu le pont avant d'atteindre la passerelle.

On ne pouvait rêver meilleure ambiance, d'autant que nous commencions à recevoir des nouvelles des bancs par les bateaux espagnols et portugais qui s'y trouvaient déjà.

Nous étions particulièrement bien armés pour ce voyage, car nous étions codés avec dix espagnols, six portugais et six français.

Le radio était donc très occupé, car les codes étaient différents pour chaque bateau français. Mais son travail ne se limitait pas à cela, il devait prendre chaque jour contact avec Saint-Lys, le centre de télécommunications des navires français pour la transmission des lettres radiomaritimes, des télégrammes ou des instructions de l'armement. Il devait aussi entretenir tout notre matériel de radio, de liaison et de détection. Nous avions deux sondeurs, une phonie à la passerelle, deux radars, un loran. Cet appareil qui reçoit des signaux par hyperbole permet de faire des points précis. Venaient s'y ajouter le Decca, pour faire le point à moins de 240 milles des stations émettrices, et la « loupe », un détecteur visuel sur lequel des tracés, transmis par ultrasons, nous permettait de détecter la présence du poisson. Il va de soi que tout ce matériel, très moderne à l'époque, a été mis au rencard avec l'arrivée de l'électronique et des satellites.

Le radio avait donc une importance considérable, pas seulement pour assurer les liaisons, mais aussi pour la conduite même de la pêche. Certains opérateurs mettaient en service deux ou trois récepteurs à la fois pour surveiller les concurrents. Les bateaux étaient tous équipés de gonios pour repérer la position des autres chalutiers et, surtout, celle des bavards. En effet, les radios se connaissaient si bien que la seule intonation de l'un ou de l'autre révélait une bonne ou une mauvaise pêche. Jacques était très fort à ce petit jeu. En cas de découverte, il arrivait à la passerelle.

— Il y a un tel qui semble tout heureux.

— Relevez-le, ordonnait le capitaine!

Jacques revenait un peu plus tard et nous donnait le relèvement du bateau. Nous regardions sur la carte et cela nous donnait une bonne idée de la position du navire supposé effectuer une bonne pêche.

Cette histoire de code ne relève en rien d'un argot plus ou moins folklorique réservé aux initiés pour épater les terriens. Le chef-d'œuvre, dans ce domaine, je l'ai trouvé en 1968 à bord du *Pierre-Pleven* avec lequel nous étions codés. C'était le code le plus complet, il changeait toutes les six heures et, mieux encore, nous donnait tous les jours des nouvelles des chalutiers russes.

Eux aussi correspondaient en code, mais leurs secrets furent percés en 1962, grâce au radio d'un chalutier de Fécamp, le *Bois-Rosé*. D'origine polonaise, ce radio parlait parfaitement sa langue maternelle et comprenait aussi le russe. Par recoupements, il parvint à décoder leurs messages. Chaque fois que Casi, c'était son surnom, annonçait : « Russes en pêche, par telle position, trois pales au trait », on pouvait y aller, c'était rigoureusement exact. Trois ou quatre ans plus tard, grâce à ce décodage, certains bateaux français possédaient en détail tous les numéros du quadrillage soviétique des bancs, du Groenland à Terre-Neuve, avec toutes les formes de messages.

Après une traversée d'une semaine, nous étions banqués au Grand Nord, en compagnie de quelques bateaux espagnols. La pêche était moyenne.

Je commençais à apprendre. Le capitaine avait pour habitude de dire :

— Votre métier, c'est d'être observateur. Si vous l'êtes, vous serez un bon pêcheur.

Je m'attachais à mettre ses conseils en pratique. Il m'apprit à reconnaître les trente bateaux français : silhouette de jour et disposition des points lumineux la nuit. Je dus prendre des notes sur un carnet que je possède encore et réciter ma leçon : *Joseph-Duhamel,* de jour ? de nuit ? Ils y passèrent tous, puis ce fut le tour des bateaux portugais et espagnols.

Cette observation n'était pas inutile. Si la *Belle-Normandie* faisait route au sud et que, six heures plus tard, codé avec elle, le *Zélande* en faisait autant, il se passait probablement quelque chose dans le sud. Simple recherche ou bonne pêche ? La décision dépendait largement de nos résultats du moment car il n'était pas nécessaire de lâcher la proie pour l'ombre.

Il fallait donc connaître les silhouettes des bateaux par cœur et toujours avoir les jumelles à la main. Je me mis rapidement à ce travail, l'une des composantes de ce qu'il est convenu d'appeler le « sens marin ». Tout le monde ne le possède pas.

Nous fîmes route dans le golfe du Saint-Laurent où la pêche devint excellente au point de nous obliger à mettre plusieurs fois à la cholle. Dans ces occasions, j'allais prêter main-forte sur le pont; je retrouvais les parcs à poissons puisque mon travail à la passerelle était momentanément stoppé.

Fécampois dans sa grande majorité, l'équipage était acharné au travail du poisson, mais s'avérait beaucoup moins efficace pour les avaries sur le chalut. Cela restait l'affaire des Bretons. L'équipage idéal était donc constitué de Fécampois pour le poisson et de ramendeurs bretons pour le chalut, ce qu'avaient bien compris certains capitaines. Mais ce n'était pas si simple, car les différences de mœurs et de coutumes ne facilitaient pas les choses. Le patois fécampois et la langue bretonne donnaient souvent lieu à un mélange détonant. Cette association n'a jamais pu être exploitée très longtemps, sauf à de rares exceptions.

Après le passage d'une dépression, les vents ont viré au

nord-ouest, apportant avec eux le grand froid. Les embruns gelaient dans les hauts du navire. En peu de temps, les haubans doublèrent, puis triplèrent de volume. Le vent projetait avec force la mer à l'assaut du navire. Rapidement, le pont ne fut plus qu'une épaisse couche de glace sous laquelle le chalut avait disparu. Les hommes se déplaçaient là-dessus avec des grâces de manchots. Nous étions dans un autre monde. Le thermomètre ne bougeait pas de moins dix-huit. Quand nous sortions le froid et le vent nous laissaient la sensation de mille coupures de rasoir. En mer, les froids extrêmes sont bien plus terribles que les bons froids continentaux du Québec ou de la partie orientale du Canada, car ils sont chargés d'une humidité pénétrante qui vous atteint jusqu'au tréfonds.

Au bout de vingt-quatre heures, le vent tomba. La mer aussi. Nous mîmes vent arrière pour déglacer et les hommes, armés de pelles et de pioches, attaquèrent ce labeur nécessaire pour la sécurité du navire. En effet, il n'est pas rare qu'un bateau glace jusqu'à trente centimètres d'épaisseur. Il peut ainsi être surchargé de plusieurs dizaines, voire d'une centaine de tonnes, et cela dans sa partie la plus haute. Son centre de gravité est complètement modifié au point qu'il risque de chavirer, ce qui s'est déjà produit dans le passé.

Pendant six heures, les deux bordées travaillèrent avec acharnement. Les mécaniciens entourèrent d'étoupe les vannes et les tuyaux d'arrivée d'eau de mer qui étaient gelés. Un graisseur arrosa l'étoupe de gasoil avant d'y mettre le feu. Au bout de quelques heures, la chaleur rétablit la circulation d'eau, mais nous eûmes quelques joints à colmater.

Quand les hommes eurent dégagé le pont, ils déglacèrent le chalut et le gréement. Pendant ce temps, nous cherchions sur nos appareils quelques bonnes détections pour remettre en pêche. Le chalut était raide comme un tas de fagots quand nous le remîmes tant bien que mal à la mer. Le raban, filin qui sert à fermer la poche de chalut, était d'une parfaite immobilité, il fallut l'arroser de plusieurs seaux d'eau salée bouillante pour lui rendre vie. La poche put enfin être amarrée et nous laissâmes le chalut tremper le long du bord pour que les derniers morceaux de glace se détachent et remontent à la surface.

Puis le filage recommença et le chalut repartit vers le fond. Le froid demeurait tout de même rigoureux, les hommes se battaient les flancs avec les mains pour activer la circulation du sang dans les doigts, geste que j'avais accompli des milliers de fois. Malgré cela, un homme eut quelques doigts gelés. Quand il monta à la passerelle il avait le bout des doigts blanc et noir. Le capitaine l'examina.

— Il était grand temps de venir. Un peu plus tard, tes doigts n'auraient pu être sauvés. Bains très tièdes, baumes du Pérou avec pansement, vitamines à haute dose!

Ce fut ma première expérience médicale de la vie des terre-neuvas : chargé d'appliquer l'ordonnance, tous les jours, je pratiquais les soins dictés par le capitaine. Au bout d'une quinzaine, la peau commença à se détacher par petits morceaux et le garçon mit un mois avant de se rétablir complètement.

Le froid avait causé d'autres dégâts. Il avait détruit les quelques salades, légumes et fruits qui nous restaient. Faute d'un légumier, nous les avions entreposés au-dessus de la passerelle.

La détection était bonne, la pêche également. Les parcs s'emplissaient rapidement. En quelques traits, nous étions à nouveau à la cholle. Je quittai alors la passerelle pour me retrouver dans les parcs à poissons. Au début chacun cherchait à savoir comment se débrouillerait le nouveau lieutenant. Ils se rendirent vite compte que j'étais capable de rivaliser avec les meilleurs. J'y mettais bien sûr un point d'honneur, mais je savais aussi qu'en m'imposant de cette façon je n'en serais que davantage respecté.

Ainsi, quand il y avait plus de trois palanquées de poisson sur le pont l'après-midi et que j'étais normalement de repos, le capitaine me faisait réveiller. A ce régime, j'étais complètement éreinté. Mon emploi du temps était à peu près le suivant : debout à 5 heures, j'étais un quart d'heure plus tard à la cambuse. Les rations distribuées, je prenais mon quart de 6 heures jusqu'à midi. J'aurais dû me reposer jusqu'à 17 heures pour la cambuse. Je ne le faisais que lorsqu'il n'y avait pas de poisson. De 18 heures à 24 heures, retour à la passerelle. Et il n'était pas rare, s'il y avait des avaries lors du virage du chalut à 23 h 30, que je reste sur le pont jusqu'à minuit passé. Le calcul est vite fait : je faisais souvent des journées de vingt heures !

L'année suivante, en 1961, à ma demande je ne retournais au poisson qu'en cas de pontée. Le capitaine me menait la vie dure mais j'étais à bonne école. Maintenant que je commande, l'expérience de ces travaux les plus durs et les plus fastidieux, sur le pont comme à la passerelle, m'est bien utile.

Pendant ce voyage, nous fîmes escale à Saint-Jean de Terre-Neuve. Nous n'y restâmes pas plus de vingt-quatre heures, mais ce fut quand même bon de fouler la terre après deux mois de mer. Le soir, le capitaine nous invita à sortir, Jacques et moi. Vers deux heures du matin, nous étions à la recherche d'un taxi pour rentrer, mais il n'y en avait trace nulle part. Voyant deux personnes faire le ménage dans une banque éclairée, nous frappâmes à la porte. Jacques essaya d'expliquer, en anglais et à travers la vitre, ce que nous cherchions. Une femme alla téléphoner.

Elle avait appelé la police. Le capitaine et deux de ses

adjoints en cabane! Nous avions l'air malin. Enfin, après beaucoup d'explications, les policiers acceptèrent de nous relâcher à l'aurore et de nous raccompagner à bord.

Douze heures plus tard, nous avions remis en pêche. La routine reprenait ses droits et il nous restait deux mois à faire. Je m'employais à dresser des cartes de pêche pour mieux suivre le poisson, à y porter les épaves et les croches. Nous étions passés dans le nord-est de Terre-Neuve et le travail était complexe car nous connaissions mal ces fonds. L'hydrographie occupait donc une large part de notre temps.

Le poisson abondait et les cales montaient bien. Dans le chalut nous trouvions même des crabes qui nous permettaient d'agrémenter l'ordinaire beaucoup mieux que les harengs ou le flétan. Nous nous étions approchés de la banquise, puis nous étions entrés à l'intérieur où il y avait de grandes clairières. Les Russes arrivèrent alors avec leur armada de bateaux. Les jours et les nuits passèrent avec plus ou moins de bonheur, jusqu'à ce qu'arrive de Fécamp l'ordre de rentrer.

Huit jours plus tard, nous étions arrêtés devant le port à marée basse. Il faisait un temps magnifique en ce début juillet et une délégation de l'équipage demanda au capitaine l'autorisation de se baigner. Elle fut accordée, mais assortie de l'interdiction de s'éloigner du bord. L'échelle de pilote fut installée sous le balcon de la passerelle et une dizaine d'hommes descendirent le long du bateau.

Au bout d'une demi-heure le moment vint d'appareiller et le capitaine donna l'ordre de remonter. Pour cela, il fallait emprunter l'échelle située sous le balcon et là, j'attendais, un litre de mercurochrome en main. D'abord rouges, les hommes viraient ensuite au vert au contact de l'eau de mer. Ils en avaient sur la figure et les cheveux et il était trop tard pour envisager un grand nettoyage. Ils s'habillèrent rapidement et une heure après nous étions à quai. Quand l'armateur vit certains des matelots à la manœuvre d'accostage, il dit au capitaine :

— Il me semble que vous avez beaucoup de blessés.

Celui-ci se tourna vers moi pour murmurer entre ses dents :

— Espèce d'andouille !

Après quinze jours de congés, le temps de passer le permis de conduire et d'acheter une 4 CV d'occasion, de voir à la sauvette ma mère et ma sœur qui travaillaient dans la restauration et pour qui c'était la pleine saison, nous reprîmes la mer. Le beau temps nous accompagna jusqu'au cap Farewell, la pointe sud du Groenland. Nous rencontrâmes alors les premiers icebergs, magnifiques cathédrales entourées de chapelles satellites, les growlers. Nous pêchâmes sur les bancs du large, laissant ceux de terre aux véritables connaisseurs, non par modestie, mais simplement par prudence élémentaire. La pêche fut assez bonne et nous eûmes la chance de prendre un saumon de temps en temps.

J'étais très heureux, car je désirais apprendre le Groenland et je m'y employais. Le chalut était vite filé puisque nous avions des fonds de cinquante à quatre-vingts mètres. J'arrivais même à reconnaître à la jumelle les cailloux que j'apercevais au loin et que j'avais vus plusieurs fois lorsque je travaillais au pont.

Nous n'avions que du petit poisson en cale, tandis que les bateaux qui travaillaient « plus terre », plus près des côtes, six bretons et un fécampois, en pêchaient du plus gros. La fin du voyage fut dure. Le Labrador, vers novembre, reçoit souvent la visite de grosses dépressions.

Alors que la date limite de notre débanquage était fixée au 10 décembre, j'ai bénéficié, fin novembre, d'une importante promotion : le second, Gaston, victime d'un lumbago, est resté alité plusieurs jours. Je pris donc sa place de minuit à 6 heures et cela ne se passa pas trop mal. Quant à Gaston, lorsque nous remîmes le cap sur la France, il arborait un large sourire, son dernier voyage s'achevait, il allait prendre sa retraite après avoir bourlingué pendant trente-cinq ans.

Mes congés furent merveilleux et durèrent deux petits mois. En cette période hivernale, ma sœur et ma mère étaient davantage à la maison. Ils me permirent surtout de faire la connaissance de Monique qui allait devenir mon épouse.

Dans vingt-quatre heures, sa jambe sera perdue

Jean Degert, un second arcachonnais, allait beaucoup m'apprendre dans le domaine des soins médicaux. Il avait en effet navigué, lorsqu'il était lieutenant, avec le capitaine Michelet, bien connu dans le milieu de la grande pêche pour avoir fait des études de médecine avant de passer son brevet de capitaine au long cours. Il transmettait son savoir à ses officiers qui, à leur tour, assuraient la relève.

Sur les chalutiers, l'équipage ne dépasse pas soixante personnes. Au-delà de ce nombre les armateurs sont tenus par les règlements maritimes, d'avoir un médecin à bord. La dépense est évidemment considérable puisqu'elle ne se limite pas au seul salaire du médecin mais doit prendre en compte tout un équipement coûteux.

De fait, nous partons pour plusieurs mois effectuer un travail dangereux, qui s'apparente parfois à l'industrie lourde, dans des conditions climatiques très difficiles, sur une mer qui n'est pas tendre et, le plus souvent, dans un isolement absolu. Or, personne ne nous a jamais appris à faire une piqûre. Ce que nous savons, nous l'avons appris sur le tas, qu'il s'agisse des intramusculaires, des sous-cutanées et même des intraveineuses. Et nous n'oublions pas que, même dans les cas désespérés, il faut agir.

Ma première expérience médicale, lors de cette campagne, ne fut pas un grand succès. Pas un échec non plus, à croire que Dieu veille sur les apprentis médecins. Nous étions en pêche sur les bancs de Terre-Neuve dans nos coins habituels, les accores du large. Deux navires fécampois nous accompagnaient et nous étions entourés de voiliers portugais.

Les pêcheurs portugais en étaient encore au temps des voiliers et des doris. Un homme par doris, avec sa petite voile hissée, frêle dans sa coquille de noix face à l'immensité de cet océan brutal et face à nos navires ! Nous ne pouvions les voir sans penser à nos pères qui avaient pratiqué ce dur métier, mais peut-être pas dans des conditions aussi inhumaines. Les pêcheurs portugais n'avaient même pas le droit de manger de la morue, seulement celui de se nourrir avec les têtes, sans la langue.

Nous n'étions pas des enfants de chœur, mais nous ne pouvions les voir sans être profondément émus par leur misère. Quand un dorissier portugais pouvait s'approcher de nous alors que nous étions stoppés à virer, nous ne manquions jamais de lui donner des cigarettes, quelques conserves et, surtout, de garnir son embarcation de morues. En nous quittant, certains étaient fous de joie. Les autres avaient la larme à l'œil. C'était en 1961. Le dernier voilier portugais n'a dû quitter les bancs de Terre-Neuve qu'en 1976 ou 1977.

La flotte morutière portugaise était peut-être archaïque. Elle disposait cependant d'un navire d'assistance qui aurait fait honte à la Royale. Je m'en suis rendu compte lors de ce voyage. Nous avions demandé une auscultation pour un matelot qui était affligé d'une « crête-de-coq ».

Comme lieutenant, j'étais chargé de piloter le doris pour emmener le malade sur le bateau sanitaire portugais où il fut pris en charge par un médecin qui parlait couramment français.

Pendant qu'il l'examinait, j'étais présenté au commandant dans un salon très luxueux. Je fus éberlué devant le maître d'hôtel en habit blanc et épaulettes, et les services en cristal. Quel contraste avec les pauvres dorissiers ! Il y avait environ cent vingt hommes à bord de ce navire ultramoderne, deux salles d'opération, deux tables montées sur cardan, l'une pour les opérations de la tête, l'autre pour le corps. Le tout était d'une impeccable propreté.

Il y avait peut-être les malheureux dorissiers, mais en l'occurrence, c'étaient nous, les Français, qui faisions figure de parents pauvres avec un bateau d'assistance qui passait, bon an mal an, trois mois sur les bancs.

La première mission de la Royale était — mais je ne crois pas que les choses aient tellement changé — de représenter la France au Canada et au Groenland. Aussi avions-nous l'impression que ces bateaux fayots passaient beaucoup plus de temps en cocktails et autres manifestations mondaines qu'en missions d'assistance. J'ai appris récemment que les marins de la Royale perçoivent, quand ils sont au port, une indemnité supplémentaire. Il n'y a rien là-dedans qui encourage les marins à prendre la mer. C'est fort dommage car, lorsqu'ils sont en assistance, ils le font fort bien.

Le médecin nous rassura sur le sort de notre malade et m'expliqua qu'avec une projection de chlorure d'éthyle au bon endroit, tout devait rentrer rapidement dans l'ordre. Une fois à bord, je commençai donc le traitement, mais j'avais oublié de demander au médecin combien de fois, et pendant combien de temps, il faudrait le répéter. J'y allai donc de bon cœur.

Le lendemain, quel spectacle quand il baissa son pantalon ! Il avait tout simplement un petit ballon sur le bout du sexe. Partagé entre le rire et l'inquiétude, je compris que j'avais trop insisté. Je l'avais tout simplement brûlé et la crête-de-coq avait laissé place à une cloque. L'objet de notre inquiétude fut enveloppé dans de la gaze et cinq jours plus tard tout était rentré dans l'ordre.

Un jour, un novice fut blessé à l'œil par un fil d'acier. Il souffrait énormément et son œil, tuméfié, comportait beaucoup de traces sanglantes. Nous avons demandé une consultation en France, par l'intermédiaire de Saint-Lys-Radio. Réponse de l'hôpital de Toulouse :

— Si votre homme n'est pas à terre dans les vingt-quatre heures, son œil est perdu.

Par bonheur, un portugais qui se trouvait en pêche près de nous devait repartir pour Saint-Jean. Il acceptait de prendre le blessé, ce qui nous permettait de continuer la pêche. Mais le temps n'était pas avec nous ; il avait fraîchi pour atteindre force quatre à cinq. La mer était déjà bien formée.

— Il ne fait pas beau, acceptez-vous d'amener le gosse ? me demanda le capitaine.

— Bien sûr.

— Je vous abriterai le plus possible et j'irai vous chercher sous le vent, vous serez ainsi toujours vent arrière.

Lorsque le doris fut mis à l'eau, il y avait déjà des creux de deux à trois mètres. Au coup de roulis, je sautai dans le doris avec mon matelot. Je gueulais pour qu'on laisse le plus de mou possible dans les bosses :

— Quand le doris arrivera au roulis, à la hauteur de la lisse, vous nous passerez le gosse.

Tout fut impeccablement exécuté. Je fis asseoir le novice dans le cul du doris, face à moi. Les bosses larguées, nous partîmes vent arrière. La mer grossissait toujours. Le long du *Pedro de Barcelos* le doris faillit embarquer par deux fois du seul fait de la hauteur des vagues. Je débordai à l'aviron. La situation devenait très dangereuse et je dis au mousse de se préparer. Sur un seul coup de mer il fut saisi par plusieurs mains et embarqué à bord. C'est là, le long du bord des navires, que nous courons les plus grands risques.

Le *Minerva* nous attendait vent arrière et nous sommes repartis sous le vent. Nous avons embarqué au coup de roulis, sans l'aide d'échelle. Deux heures plus tard, nous étions à la cape avec force huit à dix. Ce genre d'événement laisse de sacrés souvenirs, mais nous avons surtout été heureux d'apprendre un peu plus tard que l'œil du mousse avait été sauvé.

Notre médecine était empirique, mais nos résultats n'étaient pas mauvais. En 1963, sur le *Zélande*, l'électricien s'était fracturé un orteil. Le navire d'assistance n'étant pas arrivé, nous dûmes agir avec les moyens du bord. En taillant deux abaisse-langue, je lui confectionnai deux attelles et le plâtrai à l'aide de bandes et de sulfamides. Je lui donnai également des anti-inflammatoires. Quelques jours plus tard, Riton pouvait poser son pied par terre. En trois semaines il était guéri. Quand, plus tard, il passa une radio sur le *Commandant-Bourdais*, le navire d'assistance, la fracture était consolidée et ne posait plus le moindre problème. En revanche, le jour de notre arrivée à Bordeaux, Riton ne pouvait plus mettre sa chaussure gauche. Le pied fracturé avait gagné une pointure.

L'année suivante, sur le *Bassilour* de Bordeaux, un matelot eut quatre doigts sectionnés. Il assurait les câbles dans les rouleaux du chien. Il cria :

— Assuré !

Mais il avait gardé la main posée sur les câbles. Soutenu

par deux de ses camarades le pauvre gars est arrivé à la passerelle. La main était coupée en biseau, en partant de la base du petit doigt jusqu'à la deuxième phalange de l'index. Il ne lui restait plus que le pouce. Il ne s'écoulait que peu de sang. La moitié de la mitaine de cuir était restée sur le pont avec les doigts dedans.

Je lui fis boire un bon verre de cognac pour qu'il ne tombe pas dans les pommes et nettoyai ce qui restait de sa main avec de l'alcool, puis je couvris tous les moignons avec un tulle gras, un demi-paquet d'ouate et un gros bandage. Le blessé était allongé sur la couchette du capitaine. Je lui administrai un suppositoire contre la douleur, avec l'intention de lui donner de la morphine quelques heures plus tard. Compte tenu de notre position par rapport à Saint-Jean et de la présence de beaucoup de banquise, nous savions qu'il nous faudrait presque deux jours pour le débarquer.

Quand j'étais de quart, le capitaine dormait dans ma couchette. Nous surveillions le blessé. Il n'y avait pas d'hémorragie. Quand il souffrait trop, nous lui faisions de la morphine. Finalement, il fut débarqué à Saint-Jean dans d'assez bonnes conditions.

Puis le métier reprit ses droits impitoyables. Nous avions perdu cinq jours pendant cet aller et retour et nous avions pris cent tonnes de retard. Seul le bilan devait compter à l'arrivée. Tant pis pour les gars. On en parlerait, mais si peu !

Tous les accidents n'étaient pas aussi dramatiques. En 1972, lorsque j'étais capitaine sur le *Zélande,* Yves, mon second, m'appela pour un grand jeune homme de dix-huit ans grimaçant de douleur, le pantalon retroussé jusqu'au genou. Il avait le mollet couvert de sang. Yves était accroupi à ses pieds, les deux pouces enfoncés dans une plaie large de trois centimètres pour tenter de comprimer l'artère. En mars, tous les ports du Groenland étaient pris par la banquise et nous n'avions pas d'autre solution que d'essayer de le soigner. Je lui posai un garrot puis lui administrai des hémostatiques à haute dose avant de l'allonger sur un brancard et de le faire descendre à l'infirmerie. De temps en temps on relâchait le garrot pour permettre la circulation. Je lui avais posé quelques agrafes et fait un gros pansement.

Nous eûmes par la suite l'explication de cet accident. Alors qu'il était dans le parc à poissons, le jeune homme avait voulu attraper une morue avec son couteau piqueur, véritable lame de poignard. Le couteau avait ripé sur la tête du poisson et avait cisaillé la botte avant de venir s'enfoncer dans le mollet.

Pour le soigner, nous n'avions pas d'autre solution, mais Dieu fut avec nous ! L'hémorragie s'arrêta. Il guérit à bord et reprit sa place au bout d'un mois.

Deux jours plus tard un fil d'acier se rompit au moment du virage du chalut. Un maillon vint frapper au crâne un matelot qui s'écroula aussitôt.

Lorsqu'il fut monté à la passerelle, il avait la tête et le visage en sang, une plaie étoilée au milieu du crâne. Il était complètement inconscient. J'examinai la plaie puis coupai les cheveux. Tout cela n'était pas joli du tout, d'autant que la partie centrale de l'impact était molle au toucher.

Là encore nous fûmes seuls à agir : les ports étaient toujours pris par les glaces, il n'y avait en vue aucun bateau susceptible de nous porter assistance. Le gars revint à lui. Je lui administrai des antihémorragiques à haute dose. Ses pupilles réagissaient bien, le pouls aussi. Il commençait à tenir des propos cohérents. En trois semaines, il fut rétabli. Il y avait eu plus de peur que de mal, mais à son arrivée à Bordeaux, son crâne étoilé en laissa plus d'un pantois.

Les blessures constituaient la cause essentielle de l'indisponibilité des terre-neuvas. J'ai cependant souvenir d'une épidémie assez rare. C'était en 1975, sur le *Jutland,* dans la mer de Barents. Le travail était très dur et la fatigue commençait à se faire sentir. J'en étais même arrivé à distribuer des vitamines. Un jour, un matelot vint me voir. Il se plaignait de démangeaisons entre les doigts mais n'avait pas de température. Après consultation du dictionnaire médical, j'optai pour la gale. Ce diagnostic fut confirmé par une liaison radio avec la France. Un deuxième, puis un troisième malade arrivèrent. Mes soins consistaient en une douche et un badigeonnage de toutes les parties atteintes avec du benzoate de benzyle.

Quelques jours plus tard, le navire d'assistance était sur les bancs. Son médecin vint à notre bord et confirma qu'il s'agissait bien de la gale. Il fit venir, par avion, beaucoup d'antidotes, car tous les jours la maladie gagnait et il me donna trois semaines pour enrayer l'épidémie. Dans le cas contraire, nous aurions dû faire route France. C'eût été une catastrophe.

Certains, surtout au début, riaient du malheur des autres, mais ces rires devenaient de plus en plus jaunes au fur et à mesure que la maladie progressait. Quant à moi, je voyais bien que je n'arriverais à rien si je ne prenais pas des mesures draconiennes. Je convoquai l'équipage et examinai les hommes un à un et à poil ! Sur cinquante-sept hommes, une quarantaine étaient contaminés et bon nombre d'entre eux appartenaient au clan des rieurs.

La thérapie de groupe fut radicale. Nous avions de larges pinceaux que nous trempions dans des récipients remplis de benzoate et qui nous servaient à badigeonner tout le corps. Les lieutenants, le second et moi avions mal au poignet à force de manier le pinceau. Ensuite, j'eus l'idée de faire badigeonner chaque malade par son voisin, et *vice versa.* Au bout de huit jours, les premiers patients commençaient à guérir. Ils gardaient cependant sur leur peau comme des traces de griffures de ronces.

Malgré notre inquiétude, ces séances nous avaient bien fait rire. Quinze jours plus tard, le toubib était de retour à bord. Il ne restait plus que trois ou quatre cas. Il leva alors son hypothèque sur la campagne. Pendant toute la durée de l'épidémie, personne n'avait arrêté de travailler.

J'ai aussi le souvenir d'une autre réussite, chirurgicale cette fois. A notre retour d'une mauvaise campagne dans la mer de Barents, en novembre 1977 à Boulogne, le médecin de l'armement vint comme à chaque fois, statuer sur l'état des malades ou des blessés. Je présentai l'un des frères Leseigneur qui avait eu la lèvre inférieure profondément ouverte, puisqu'il y avait à peu près un demi-centimètre de décalage entre la lèvre blessée et la lèvre intacte. Il était impossible de recoudre avec une anesthésie locale. Je lui avais donc expliqué qu'il allait devoir se montrer très courageux car il fallait le recoudre à vif. Ce fut éprouvant, mais tout se passa bien. Quand le médecin l'examina, véritable coup de chance ou miracle de la chirurgie, il ne présentait plus aucune trace extérieure de l'opération. Il fallait regarder à l'intérieur de la bouche pour apercevoir la cicatrice.

Mon dernier accident grave, je l'ai connu sur le *Jutland* en 1979. Nous étions en route au large de la Mauritanie, pour la première fois loin des mers froides que nous avions toujours pratiquées. J'étais de repos quand Claude Lemée, mon second, me réveilla par téléphone.

— Lionel, viens vite, Doin a la jambe cassée.

L'homme gisait sur le dos, la jambe du pantalon déchirée et teintée de sang. Des éclats d'os sortaient de la plaie. Seule la chair du mollet tenait. Il fut aussitôt transporté à l'infirmerie où je lui administrai une piqûre de morphine et lui posai un garrot.

Il s'agissait d'un accident aussi stupide qu'imparable : une poulie latérale était mal positionnée sur la lisse. Le point d'attache avait cédé et la poulie était venue lui fouetter la jambe avec une extrême violence.

Je me rendis alors à la passerelle pour faire le point. Notre position nous laissait deux solutions : soit demander de l'aide aux Soviétiques, toujours présents dans les parages et faciles à contacter par radio, qui disposaient de médecins et d'un important matériel médical ; soit mettre le cap sur Nouadhibou, ex-Port-Étienne, dont nous étions à quatre heures de route. J'optai pour cette dernière solution.

Prévenus par radio, les services portuaires et hospitaliers nous attendaient. Des infirmières et un chirurgien montèrent à bord. Le diagnostic de ce dernier n'incitait guère à l'optimisme :

— Il y a plusieurs fractures. Il faudra peut-être l'amputer.

A terre, la radiographie devait révéler la bagatelle de dix fractures de la jambe.

Nous laissâmes notre blessé et mîmes le cap sur Dakar où nous devions souter, c'est-à-dire faire le plein de gas-oil, et embarquer deux passagers. Le premier, Paul Cavelier, était un spécialiste du matériel de pêche d'un comptoir de Fécamp. Le second, Marcel Portier, maître de recherches à l'Institut scientifique et technique des pêches maritimes, est le grand spécialiste français des chaluts. Pour cette campagne de pêche dans des eaux que nous ne connaissions pas, nous avions besoin de cet encadrement scientifique.

A Dakar, j'eus la chance de rencontrer le directeur d'une compagnie française qui me demanda des nouvelles du blessé. Il en avait entendu parler à la radio — les nouvelles se répandent toujours très vite dans la colonie européenne. Je lui racontai ce qui s'était passé.

— Mais, me répondit-il, ıl ne faut pas laisser votre gars là-bas. Le climat est trop mauvais. Il va perdre sa jambe.

— Que me conseillez-vous ?

— Donnez immédiatement des instructions à l'hôpital de Nouadhibou. Il faut qu'il soit évacué le plut tôt possible sur Paris.

Je rédigeai donc un télex et le blessé fut rapatrié. Après plusieurs mois de traitement, des opérations et des greffes, sa jambe fut sauvée. Doin n'a peut-être pas retrouvé la totalité de ses moyens, mais il peut marcher à nouveau, et avec sa propre jambe.

Toutes ces anecdotes mettent en évidence les dangers de notre métier : une élingue peut casser, un diabolo rouler sur un pied, un panneau de chalut coincer une main... Le principal risque ne vient pas toujours de la blessure elle-même, mais de notre isolement, du temps qu'il faut pour rallier le port le plus proche, d'impondérables comme la glace ou la tempête. Cet isolement, pas insurmontable à Terre-Neuve, au Groenland ou sur les côtes de Norvège, allait devenir total pour nos campagnes autour des îles Kerguelen. Nous étions à une semaine de mer de Saint-Denis de la Réunion, le port le plus proche.

Si des médecins étaient à bord en permanence, par exemple à l'occasion de leur service national, l'expérience ne serait pas inintéressante pour eux et nous apporterait une sécurité supplémentaire, même s'ils ne disposent pas de salles d'opération équipées. Nous pourrions probablement trouver notre bonheur dans le matériel que les hôpitaux mettent régulièrement au rebut. Certains vétérinaires utilisent des appareils de radiographie assez légers pour examiner les animaux. Il y a sûrement quelque chose à faire pour cinquante-huit hommes qui triment jour et nuit sur les côtes du Labrador ou au-delà des cinquantièmes hurlants.

Je voudrais te parler seul à seul

Mon second voyage en tant que lieutenant, toujours sur le *Minerva,* m'a fait retrouver cambuse et travail. J'avais obtenu une augmentation. Mon salaire se situait désormais à trois parts et j'étais heureux ainsi.

Cette fois-là, après une traversée assez dure, nous avons trouvé le poisson, mais aussi la banquise.

Je crois bien que c'est vers cette époque que nous avons cessé de distribuer les grosses carottes de tabac à chiquer. Elles étaient longues de quarante centimètres, grosses comme l'avant-bras et composées de cinq à six morceaux de tabac comprimé, de la forme et de la couleur du boudin. En principe, avec cela, un chiqueur en avait pour cinq mois. Heureusement, sur la passerelle du *Minerva* personne ne chiquait mais en revanche, nous fumions tous.

Le voyage suivait son cours, avec ses bons et ses mauvais moments. Nous avions pris du retard sur le tonnage présumé des autres bateaux. Un jour que nous étions en route, à la recherche de meilleurs bancs, nous rencontrâmes une grosse détection. C'était dans le sud-est du Labrador. En deux traits, nous fûmes obligés de mettre à la cholle.

Jacques, le radio, demanda ce qu'il fallait déclarer aux autres bateaux, tout au moins à ceux avec lesquels nous étions codés.

— Trente quintaux, lui répondit le capitaine.

Cela ne correspondait qu'à une tonne et demie de morue salée et c'était signaler une prise vraiment dérisoire.

Pendant deux jours, le poisson tomba sur le pont et dans la cale, tandis que nous étions heureux de voir fondre notre retard. Encouragé par le vin blanc, tout le monde travaillait d'arrache-pied.

Un matin, un écho se rapprocha sur l'écran radar. Deux paires de jumelles, à la passerelle, étaient braquées dans la direction de l'intrus. C'était l'*Arnaud-Legasse,* et pire, il était en code avec nous.

Son capitaine était un bon pêcheur, vieux briscard très observateur. Il avait flairé l'imposture et n'avait pas eu besoin de nous observer très longtemps pour deviner que nous étions à la cholle. Il nous appela en phonie et en code :

— Quel est votre dernier trait ?

Nous avions signalé trente quintaux. Pris de panique, notre capitaine dit à Jacques :

— Passez-lui trois cents quintaux. Après, vous direz que vous vous étiez trompés d'un zéro.

L'affaire fit un joli tintamarre chez tous nos collègues, du moins chez ceux qui étaient codés avec nous. Apparemment, personne ne fut dupe de notre petite tricherie et l'ambiance, par la suite, s'en ressentit fortement. Car la compétition entre capitaines était d'autant plus vive que certains armements n'hésitaient pas à « remercier » celui qui ramenait cent tonnes de moins que ses confrères. Sur un total de mille deux cents tonnes, la différence n'était pas bien grande mais les armements ne l'entendaient pas de cette oreille. Le capitaine était bien payé, à lui de bien pêcher, sinon on le priait de prendre la porte. Cette situation faisait endurer à beaucoup un véritable supplice, une sorte de salaire de la peur.

Cette année-là fut celle de la première arrivée massive des Soviétiques sur les bancs de Terre-Neuve. Ils avaient envahi tout l'est de l'île et, du nord au sud, nous pouvions dénombrer entre cinq et six cents bateaux de toutes tailles. Il y avait des chalutiers classiques, des bateaux-usines, des ravitailleurs, des cargos pour transporter les pêches et des remorqueurs. C'était la première fois que nous voyions à l'œuvre l'armada soviétique. Les déprédations commençaient et depuis cette époque, nous devions toujours retrouver les Russes et les flottes des pays de l'Est sur notre route. Jusqu'aux Kerguelen !

Depuis deux années, en plus de mes fonctions de lieutenant et de cambusier, je devais aussi assumer celle de « dorissier ». Nous étions deux à « nager », c'est-à-dire à ramer. Le petit bateau de la grande pêche de nos parents avait trouvé un nouvel emploi sur les classiques à la disparition des voiliers. C'est lui qui permettait les liaisons pour le courrier, le transfert des malades, les approvisionnements en vivres ou en matériel.

Par chance, notre capitaine n'était pas « anti-courrier » car certains, sur les bancs, essayaient d'éviter tout contact avec le bateau d'assistance ou avec les autres chalutiers. Ils n'y consentaient qu'en cas de blessure grave pour l'évacuation d'un homme. C'était alors très dur pour nous qui attendions avec impatience des nouvelles de la terre. Il arrivait même que les hommes, apprenant l'approche d'un navire, commencent à espérer. Un ordre fusait de la passerelle :

— A virer !

Les sourires éclairaient alors les visages.

— Le chalut à bord. Embarquez à l'arrière !

L'espoir laissait alors place à la certitude, nous allions faire route. Mais, surprise, nous tournions le dos à ce navire qui nous apportait tant. Nous prenions la fuite ! Alors, de nouveau, les visages se fermaient et les gorges se serraient.

Il ne s'agissait pas, pour le capitaine, de faire preuve d'un quelconque sadisme ou de se lancer aveuglément à la poursuite de la morue comme le capitaine Achab à la recherche de Moby Dick. La raison en était fort simple : à bord du navire d'assistance, il y avait des blessés et des malades des autres chalutiers. Quand les dorissiers du bord allaient au courrier, il y avait nécessairement des échanges d'informations. Quand leur tonnage était inférieur aux autres ou présumé inférieur, certains capitaines essayaient donc d'éviter une confrontation fâcheuse aussi bien pour leur orgueil que pour le moral de l'équipage. Car plus les prises étaient importantes, plus l'équipage, payé à la part, gagnait d'argent. Mais tous ces capitaines durent faire souvent passer leur orgueil avant le moral de l'équipage. Je n'ai heureusement vécu que deux fois cette dure épreuve et je préfère taire le nom du bateau et de son capitaine.

Le transport le plus extraordinaire que j'ai jamais effectué en doris fut composé de pommes de terre, ce qui était chose courante, mais aussi de barriques de vins. Le frère de notre capitaine commandait un bateau de Saint-Malo, le *Duguay-Trouin.* Devant prolonger sa campagne, il nous avait demandé de l'approvisionner, mais son doris était démoli.

Les barriques avaient été élinguées les unes aux autres et mises à la mer, séparées par des intervalles d'environ trois mètres, de façon à pouvoir être embarquées séparément à l'arrivée. Elles flottaient à peine à la surface de l'eau, aussi avions-nous ajouté quelques boules d'aluminium pour augmenter la flottaison. Le doris, qui traînait ses six barriques, n'était pas facile à manœuvrer. Il fallait souquer dur, mais doucement, pour que les barriques amarrées au cul viennent se mettre dans l'alignement.

Toutes les expéditions en doris n'étaient pas aussi amusantes et, lors de cette campagne, la dernière faillit bien nous être fatale. Nous allions chercher le courrier sur le *Viking,* un vieux chalutier de Fécamp. Lorsque les deux bateaux eurent fini leur trait, avant la liaison, le temps avait fraîchi mais nous ne pouvions remettre l'opération car, le lendemain, le *Viking* devait quitter les bancs.

Le doris fut mis à l'eau par force quatre ou cinq. Comme d'habitude, nous avions quitté le *Minerva* sous le vent, c'est-à-dire par vent arrière. La mer grossissait de plus en plus et commençait à déferler dur. Le doris semblait sauter de crête en crête. Le *Viking* embarquait son chalut. Mis en arrière lentement, il remontait doucement dans le vent. Nous avions calculé de passer derrière lui pour être plus vite à l'abri. Au moment où nous le contournions, Fontaine qui ramait avec moi cassa un tolet, le morceau de bois dans lequel on encastre l'aviron. Le doris fut déséquilibré. Je me retrouvai seul face à la mer et surtout face au *Viking* dont je voyais la poupe arriver sur nous. Son arrière plat était très impressionnant.

J'avais réussi à remettre le doris vent arrière quand le *Viking,* à notre hauteur, se souleva. Je pensais que notre dernière heure était arrivée : nous allions être écrasés par l'énorme masse du bateau. Par miracle, la poupe retomba dans l'eau à quelques mètres de nous et le doris fut projeté à cinq mètres. Nous avions été déséquilibrés tous les deux, mais, par miracle, je n'avais pas largué les avirons. Sur la passerelle du *Viking* personne n'avait rien vu : ils étaient accaparés par la manœuvre du chalut et par le souci de protéger les hommes sur le pont.

Fontaine réussit à changer son tolet, nous attrapâmes le courrier au vol et mîmes vent arrière vers le *Minerva* qui nous attendait. A bord, tous avaient suivi nos péripéties. Malgré les rouleaux, nous pûmes remonter à bord sans incident et, une fois embarqué, j'ai juré que jamais plus je ne remettrais les pieds dans un doris.

Cette embarcation, pourtant très marine, fut finalement remplacée par des dinghies à moteur. Pour le transfert du courrier, d'autres techniques beaucoup plus pratiques ont été utilisées. Je ne sais plus quel capitaine eut l'idée, cette année-là, d'enfermer le courrier dans un bidon hermétique. Pour nous tous, ce fut une découverte sensationnelle car nous savions attraper nos bouées par tous les temps, tandis que le doris ne servait plus que pour les vivres. Cette technique fut ensuite perfectionnée. Nous mettons maintenant le courrier dans des sacs en plastique gonflés d'air et reliés à trois ou quatre flotteurs : il suffit de les laisser tomber à la mer pour que le bateau intéressé les récupère.

Cette méthode était très sûre mais un jour, cependant, alors que nous allions prendre la bouée, elle s'enfonça un peu. Nous en étions à une demi-longueur lorsqu'elle s'enfonça complètement emportant notre courrier et celui de quatre autres bateaux. Je savais que j'aurais dû recevoir quatre lettres et des envois de photos. Tous les hommes attendaient aussi quelque chose. Quelle poisse ! Nous pensions que la bouée devait être mal fermée mais nous avons su plus tard qu'elle contenait des pièces de machine trop lourdes.

Un autre jour, sur le vieux *Zélande,* le navire d'assistance nous a rejoints alors que nous étions en pêche dans le Saint-Laurent. La banquise nous environnait et, quand il le fallait, nous entrions dedans. Il était impossible pour le dinghy du *Rhône* de nous apporter le courrier, mais il disposait heureusement d'un hélicoptère.

Le *Rhône* a commencé par « treuiller » deux malades qu'il a emmenés à son bord. Il a ensuite livré notre commande de coopérative : savons, dentifrices, peignes... Puis vint le tour du courrier. L'hélicoptère était à la verticale du navire, le précieux sac pendant au bout de son filin lorsque, Dieu sait pourquoi, il tomba sur la banquise.

Il était 17 heures. Le crépuscule approchait. L'hélicoptère tournait au-dessus de l'endroit où le sac était tombé mais ne trouvait rien. Notre bateau, après avoir trouvé un trou d'eau, vira son chalut pour faire route sus au courrier. Nous reprîmes en sens inverse le sillage laissé dans la banquise et chacun scrutait chaque morceau de glace. Rien ! A bord du bateau comme sur l'hélicoptère il fallut bien se rendre à l'évidence, le courrier était perdu. Inutile de dire que notre moral en prenait un fameux coup, et les marins de la Royale étaient aussi déçus que nous car ils considéraient ces missions comme sacrées.

Nous remîmes alors en pêche, la mort dans l'âme, alors que la nuit tombait. Nous avions déjà filé deux cents mètres de câble quand j'aperçus le sac posé sur une plaque de glace. Nous stoppâmes en arrière et deux paires de jumelles restèrent braquées sur le courrier pour ne pas le perdre de vue. Nous virâmes à nouveau le chalut et après plusieurs manœuvres difficiles, nous revînmes à une dizaine de mètres de l'objet de nos désirs qui était maintenant sous le feu de notre projecteur. Mais au fur et à mesure que le bateau avançait, il repoussait glace et courrier. Finalement, avec des grappins nous réussîmes à accrocher notre trésor.

Inutile de dire l'importance que revêtait le courrier à nos yeux. C'était dans notre vie de forçat, hors du temps et de toute vie normale, le seul lien avec ce que nous avions quitté.

C'était la voix de la petite amie ou de la fiancée. C'était la mère qui parlait de la vie quotidienne à Cancale, à Saint-Jouan ou dans une petite ferme quelque part du côté de Saint-Malo. C'était une épouse qui donnait des nouvelles des enfants, qui évoquait leur scolarité, qui annonçait la varicelle de la petite ou la perte de sa dernière dent de lait. Des histoires simples, banales, quotidiennes, mais qui étaient pour nous la plus belle des littératures.

Ce courrier nous apportait parfois de drôles de surprises. Ainsi Alfred reçut-il une lettre du curé d'un petit bourg situé à une dizaine de kilometres de Saint-Malo. Il lui demandait d'assurer une délicate mission auprès du maître d'équipage, un de ses vieux amis avec lequel il avait été militaire et qu'il n'avait jamais perdu de vue. Il fallait le prévenir, avec toutes les précautions d'usage, de ce que sa fille avait fauté et qu'une naissance était imminente. Alfred m'en parla. Il était très embêté. Lâchement, je ne trouvai qu'un piètre encouragement :

— Tu le connais bien, alors...

Alfred, qui était capitaine, fit donc venir l'intéressé.

— Ça va ?

— Ça va.

— Tu as eu de bonnes nouvelles ?

— Oui, oui ! Toi aussi ?

— Oui, moi aussi. Mais je voudrais te parler seul à seul.

Et Alfred, après lui avoir raconté les faits, conclut avec philosophie :

— Dis donc, tu te souviens à la Martinique, nous avions vingt ans tous les deux. Eh bien, que veux-tu, bon sang n'a jamais menti.

Tout rentra dans l'ordre. Le mariage fut prévu pour l'arrivée du père.

Lorsque j'étais capitaine, j'ai connu une mission bien plus

délicate. Un matin de février 1976, le radio est venu me voir, un télégramme à la main.

— Capitaine, c'est un « privé » mais je voulais quand même vous le faire voir.

Le texte était adressé à un novice de quinze ans et demi. Il disait : « Courage mon chéri, ta maman décédée. » J'étais complètement abasourdi. Le radio n'avait reçu aucun télégramme qui aurait pu préparer celui-là. Je ne me voyais pas prévenir brutalement un gosse de cet âge : « ta mère est morte », point final !

Je tournais à la passerelle comme un lion en cage. Finalement, je ne trouvai qu'une solution : fabriquer un faux. Avec le radio, nous avons rédigé un premier texte : « Ta maman hospitalisée. Te tiendrai au courant. Je t'embrasse. Mémère ». J'appelai le petit et lui donnai « son » télégramme. Je discutai un moment avec lui à la passerelle, tout en tournant le vrai texte dans ma poche. Comment allait réagir, en apprenant la vérité, ce gamin qui travaillait dix-huit heures par jour ?

Deux jours plus tard, un nouveau télégramme fut rédigé à son intention : « État de maman grave. Courage mon petit. Mémère. » Je l'appelai pour le lui remettre et lui remonter le moral. Mais j'en étais toujours à me demander quand je lâcherais la vérité, s'il faudrait mettre le petit au repos ou au contraire le laisser au travail.

Deux nouvelles journées passèrent avec ce télégramme qui me brûlait dans la poche. Jusqu'ici, le gamin s'était comporté en homme. A la lecture du texte fatidique, des larmes perlèrent sur ses joues. Je croyais voir mon fils en face de moi. Je m'efforçais de cacher mon émotion derrière un visage impassible et des mots de circonstance :

— Il va te falloir beaucoup de courage, mon petit. Sache que je suis là pour tout ce dont tu auras besoin. N'hésite pas. Tu peux arrêter de travailler pendant quelques jours si tu le souhaites, mais je ne crois pas que ce soit la bonne solution. Si tu es seul, ta pensée sera toujours dirigée vers là-bas. Fais comme tu veux.

Il préféra rejoindre ses camarades dans l'usine. Je le fis surveiller jour et nuit et l'appelai plusieurs fois par jour. Petit à petit, il reprit le dessus. Je n'oublierai jamais le drame qu'a pu vivre ce pauvre mousse.

La jolie morue qu'il y a là-dessous !

Après avoir pêché au Groenland, le *Minerva* a fait route sur le Labrador. A la tête nord du banc nous avons repéré au radar une importante pêcherie. Nous désignons ainsi un groupe de chalutiers sur une concentration de poissons. Nous avons reçu d'abord une vingtaine d'échos, puis une trentaine. Les premières observations à la jumelle nous ont indiqué qu'il s'agissait de soviétiques. Le capitaine a donné l'ordre de filer le chalut et nous avons traîné en direction du sud-est. Au milieu de la pêcherie, nous apercevions toujours autant de bateaux à l'horizon. Quant au radar, il était littéralement plein d'échos. Pourtant, la pêche était bien moyenne pour l'époque.

Nous avons alors décidé de terminer notre voyage plus au sud, dans un endroit que les anciens avaient baptisé « Grand Nord ». Le mauvais temps régnait en permanence, ce qui ne facilitait pas le travail. Cette fois, l'endroit était fréquenté par des bateaux espagnols. A cette époque, il y avait environ sept à huit cents bateaux sur les bancs, dont six à sept cents soviétiques. On comptait trente espagnols des armements Pysbé et Pebsa, quarante portugais, trente français. Il fallait ajouter à cette flottille une trentaine de bœufs, de grands chaluts de cent soixante mètres d'ouverture latérale traînés par deux navires qui naviguent à la même hauteur. Basés à Saint-Pierre-et-Miquelon, les bœufs étaient espagnols pour la plupart. Jugée trop destructrice, cette pratique fut ensuite interdite par les Canadiens.

Lorsque les concentrations étaient importantes, il arrivait que soixante à quatre-vingts bateaux travaillent ensemble sur vingt milles de long. Il n'était pas toujours facile d'éviter les accrochages de chalut quand chacun tirait parfois mille mètres de câble. Il fallait alors respecter une distance d'au moins deux kilomètres pour se croiser en étant paré l'un de l'autre, ce qui demandait de grandes qualités d'appréciation et un vrai sens marin

Il arrivait qu'un bateau crochât son chalut au fond, ce qui obligeait les autres à faire un écart et déclenchait finalement une sacrée gymnastique. Parfois, deux navires crochaient ensemble. Pour eux, la journée était complètement perdue Il fallait démêler et cela se faisait rarement sans grosse casse ou sans importantes pertes de matériel.

Mais quand la brume tombait, c'était le bouquet ! Le spectacle avait lieu sur l'écran radar. Nous travaillions parfois huit jours dans ces conditions. Six heures de quart épuisaient un homme. Parfois, nous en étions à nous toucher par le travers sans même nous voir. Plus d'une fois nous attrapions des sueurs froides. Et toujours ce souci de produire au maximum !

Nous sommes rentrés à Fécamp pour la première quinzaine de décembre. Dès notre arrivée, un copain m'a contacté. Il venait de se voir offrir le commandement du *Duguay-Trouin* de Saint-Malo. Il me proposait de partir avec lui comme second. Mais je n'étais pas titulaire du brevet requis; j'étais lieutenant de pêche alors qu'il fallait être patron pour avoir le droit de faire fonction de second sur les bancs. Il me proposait cependant un accommodement : il connaissait un garçon qui possédait le brevet mais n'avait jamais officié à la passerelle; il l'inscrirait comme second sur le rôle et lui ferait assurer le quart du premier lieutenant, tandis que moi, premier lieutenant au rôle, j'assumerais les fonctions de second. A cette époque, de tels accommodements étaient possibles. L'offre était alléchante puisque l'on me proposait trois parts et demie, plus une part émanant de l'armement. J'ai accepté et signé.

Au préalable, j'ai averti par politesse mon ancien capitaine. Lui aussi a fait monter la barre à trois parts et demie comme lieutenant. J'ai décliné cette offre, d'abord parce j'avais déjà signé pour le *Duguay-Trouin,* ensuite parce que ce nouveau poste correspondait davantage à mes ambitions.

Le bateau était vieux. Peu puissant, il ne disposait que d'un moteur Diesel de 700 CV, à deux temps. Aussi fallait-il le gréer assez légèrement pour qu'il puisse convenablement tirer le chalut. Ce n'était pas un problème majeur dans la mesure où le capitaine connaissait bien ce bateau pour l'avoir longtemps commandé en second.

Un départ de Saint-Malo était pour moi quelque chose d'exceptionnel. D'abord parce que j'étais tout près de chez moi, ensuite parce qu'il y avait beaucoup de familles sur les quais. Ce 15 février 1962, ils étaient noirs de monde car ce jour-là neuf navires et cinq cents hommes partaient aussi. La foule avait envahi les quais et l'animation était débordante.

Pour cette campagne, nous devions arriver bons derniers, mais cela n'avait rien de surprenant. Le bateau était vieux, nous avions la plus faible machine des bancs et, handicap supplémentaire, six hommes de moins que sur les autres navires. Les rapports dans le travail étaient excellents. Nous formions une excellente équipe de copains. Je me sentais parfaitement à l'aise dans mes nouvelles fonctions. La faiblesse du treuil nous faisait perdre énormément de temps pour le virage du chalut, aussi faisions-nous les traits les plus longs possible. Le bateau était bien conçu malgré son âge : les cabines du capitaine et du second n'étaient séparées de la passerelle que par une cloison. Il suffisait d'ouvrir une porte pour être au travail. En revanche, nous ne disposions que d'un seul radar, d'une portée de vingt-cinq milles, qui devait d'ailleurs nous causer bien des ennuis. Le radio, lui, terminait une longue carrière et jurait que c'était là son dernier voyage.

Malgré tous ces handicaps, la pêche n'était pas trop mauvaise. C'est alors qu'intervint notre première panne de radar qui nous mit dans l'impossibilité de travailler, tant pour des raisons de sécurité que pour le chalutage. Nous fîmes route sur Saint-Pierre et mouillèrent devant la Vierge, une petite statue nichée dans un rocher. Il nous fallait attendre la pleine mer pour entrer au Barachois, l'appontement qui nous était réservé. Sur tribord, nous pouvions voir les trois seuls sapins de l'île qui avaient été plantés autrefois avec de la terre de France amenée par un voilier auquel elle avait servi de lest.

Les Français ne connaissent pas Saint-Pierre, c'est pourtant un endroit très attachant, un vrai petit coin de France de l'autre côté de l'Atlantique. Cinq mille Français s'y sont accrochés farouchement. Ils sont pour la plupart bretons ou basques, mais l'île compte aussi quelques familles d'origine normande ou rochelaise. Presque tous sont regroupés sur Saint-Pierre tandis que Miquelon, quasi désertique, n'est guère qu'une réserve de pêche et de chasse pour les Saint-Pierrais et les touristes.

Le lieu est pourtant bien inhospitalier. L'été est brumeux

et humide. L'hiver, il n'est pas rare que le thermomètre se bloque autour de moins vingt. Les violentes tempêtes sont très fréquentes au point de faire de l'endroit un véritable cimetière de bateaux, l'un des plus grands du monde : de 1816 à 1974, trois cent cinquante-sept navires ont fait naufrage dans ces parages.

Il faut un quart d'heure pour faire le tour de l'île en voiture dont la moitié seulement est accessible par route. La végétation est assez rare si l'on fait exception de quelques mini-sapins du côté de Savoyard. La pêche constitue naturellement la première ressource de l'île. Elle n'a longtemps été qu'artisanale, pratiquée à partir du doris ou du waris, grand doris à moteur fixe, pendant trois mois de l'année. Quelques chalutiers ont cependant été armés à Saint-Pierre. Une petite industrie de traitement du poisson, des entrepôts frigorifiques, un peu d'activités liées à l'importance des flottilles qui opèrent dans les parages constituent l'essentiel des activités économiques de l'île. Les mauvaises langues parlent aussi d'une grande tradition de contrebande, née au temps de la prohibition dans le continent nord-américain. Je n'y crois guère. En revanche, on peut constater un léger développement du tourisme. A Saint-Pierre l'alcool est servi jour et nuit, en toute liberté, à des prix modiques, car il est beaucoup moins taxé qu'en France. Le pain est bien français et quelques cuisiniers sont à la hauteur de notre réputation internationale et assurent la bonne renommée de l'île.

A Saint-Pierre, l'arrivée d'un bateau constitue toujours un événement. Le quai du Barachois se trouve presque en plein centre de la ville, à deux pas de la poste. Les voitures arrivent le long du bord, les taxis toujours en tête. Puis les gens s'alignent sur le quai, bottés et habillés chaudement. Multicolores, les façades des maisons de bois font un sacré contraste avec la terre couverte de neige. Les maisons ont l'air d'autant plus fragiles que le bois et la peinture de couleur vive leur donnent des airs de petit bricolage. Mais il n'en est rien. A l'entrée, comme dans beaucoup de maisons canadiennes, un tambour constitue une sorte de sas pour se déchausser, laisser tomber la boue et la neige, et surtout pour éviter que le froid ne pénètre. Cuisine moderne, confort à l'américaine, chaleur douce du salon. Quel paradis pour nous autres, les terre-neuvas. Pendant trente ans, j'ai fréquenté les Saint-Pierrais : ils nous ont toujours accueillis comme les leurs et beaucoup sont devenus des amis.

Notre jeunesse nous a aussi vus fréquenter bien des lieux célèbres du vieux Saint-Pierre. Je pense à l'*Étoile,* au *Joinville,* au *Yacht-club* et à la salle des fêtes. Je ne veux pas oublier non plus la Maison des affaires maritimes. Elle a toujours su accueillir la plupart des capitaines comme de vrais amis.

Dernier détail, mais il est d'importance. A Saint-Pierre, il est courant d'accepter le verre que l'on ne manque pas de vous offrir. Mais attention, vous avez toutes les chances d'en accepter deux ou trois, et c'est la pinte ! Là-bas, les rations sont doubles. Ce piège amical fonctionne à merveille et plus d'un en a été victime.

Mais revenons au *Duguay-Trouin* et à son radar hors d'usage. Le père Paturel était à l'époque le seul dépanneur de l'île. Il est donc monté à bord pour faire son diagnostic.

— Ce ne sera pas grave, mais faut l'temps !

Nous sommes en effet restés vingt-quatre heures à quai, mais l'opération s'est répétée cinq fois pendant le voyage. Ce maudit radar nous revenait cher !

Quand la marée ne nous permettait pas d'accéder au Barachois, il fallait accoster à La Frigo, l'usine frigorifique à l'entrée de Saint-Pierre. Nous étions alors à trois kilomètres de la ville, ce qui compliquait singulièrement le retour de certains et le fourgon de la police locale servait parfois à ramasser les retardataires. Il est même arrivé plusieurs fois, pour d'autres bateaux, que des hommes soient tombés à l'eau, perdus dans les tempêtes de neige. Elles sont, avec des vents de soixante à quatre-vingts kilomètres à l'heure, d'une grande violence. Les chutes de neige peuvent atteindre un mètre dans la nuit.

La pêche continua en avril. Comme une petite coupure se faisait sentir, les bateaux en profitèrent pour faire escale et ravitailler en combustible et vivres frais. Puis, comme des moutons de Panurge, tous les bateaux partirent pour l'est des bancs. Quelques-uns, plus chanceux ou plus riches, s'apprêtaient même à regagner la France après quelques jours supplémentaires sur les bancs. Ceux-là feraient trois voyages dans l'année. Sur le *Duguay-Trouin* nous n'avions aucun regret : nous savions dès le départ que nous n'en ferions que deux.

Dans l'Est, nous n'avons pratiquement rien trouvé. Alors, Alfred a tenté un coup de poker terrible : il est retourné à l'opposé des autres, sur nos propres pas, dans l'ouest de Terre-Neuve. Un soir, en prenant mon quart, j'ai vu devant nous une véritable ville flottante. Il y avait une centaine de bateaux. Alfred me laissa prendre la responsabilité de filer le chalut. Mais, au fur et à mesure que nous approchions, je trouvai des feux anormaux à ces chalutiers soviétiques. Des quantités de bouées étaient mouillées. Plutôt que de filer avec eux, je décidai de le faire dans leur Nord, en attendant le jour.

Notre premier trait nous rapporta deux tonnes de morue salée. J'ai donc refilé dans les parages et au lever du jour, je n'ai pas regretté d'avoir agi avec prudence. Nos chalutiers s'étaient transformés en senneurs. Ces bateaux qui emprisonnent les bancs de surface grâce à un grand filet flottant et un mouvement circulaire avaient tendu des kilomètres de filets. On pouvait voir des harengs maillés dans presque tous les trous de leurs filets lorsqu'ils relevaient leur matériel. Les harengs étaient rangés dans des barils et salés aussitôt. Je dénombrai cent douze navires, et encore ne les voyais-je pas tous.

La banquise se formait dans le Nord et se rapprochait rapidement à cause du courant. Alfred décida de ne pas la fuir vers le sud mais de la contourner par l'est. Parfois nous apercevions quelques phoques qui semblaient importunés. Ensuite, nous avons mis le cap au nord-nord-ouest, en direction du Saint-Laurent. Au bout de vingt-quatre heures de route, nous avons trouvé la dernière banquise descendante du côté de l'Ile aux Oiseaux.

Nous avons alors filé le chalut dans le nord de la banquise. La morue était là, et bien là ! Le premier trait nous rapporta cinq pales et la pêche devint bonne tous les jours. Nous descendions au fur et à mesure, en suivant la banquise. Nous faisions trois traits par jour et nous devions stopper la pêche pour dégager le pont.

Cela a duré deux mois par un temps magnifique. Malheureusement nous avions perdu du temps avec nos cinq escales. Pourtant, lorsque nous avons remis le cap sur Saint-Malo, le bateau était presque chargé à bloc, ce qui était un petit exploit pour notre vieux sampan.

La traversée nous a paru fort longue. Il est vrai que nous marchions neuf nœuds et il nous fallut dix jours de route pour voir surgir de la brume matinale le phare du Grand-Jardin qui marque l'entrée du port de Saint-Malo. Nous avons accosté deux heures plus tard. Les familles étaient là. L'armateur aussi, avec sa femme et son fils. Je voyais la mère Glatre discuter avec les matelots et cela m'intriguait. Je n'étais pas habitué à voir une épouse d'armateur assister à l'arrivée du bateau et parler ainsi avec les marins. Je m'en suis inquiété. En fait, elle demandait à l'équipage s'il avait eu assez à manger. Y avait-il eu assez de lard? assez de beurre? Le café était-il bon?

C'était d'ailleurs la première fois que je voyais un équipage avoir droit au beurre. La famille Glatre, que j'ai eu la chance de mieux connaître par la suite, avait beaucoup de respect pour ses hommes. C'était si rare à l'époque et si apprécié que de très bons éléments préféraient rester dans cet armement, quitte à gagner moins d'argent. Hélas, leurs deux bateaux étaient bien vieux et semblaient déjà condamnés.

Conformément au règlement malouin, je devais rester à la surveillance de la livraison. Au contraire de ce qui se pratiquait à Bordeaux, la main-d'œuvre des quais était purement malouine et composée surtout de femmes. Les vols étaient moins nombreux, mais il y avait tout de même quelques petits écarts. Ainsi, du haut du panneau de cale, avais-je aperçu une grosse matrone qui installait une morue sous son tablier. Nous étions à dix minutes de la fin du travail. J'ai averti le père Glatre. Il décida qu'il s'installerait en haut de la coupée tandis que je lui ferais signe au passage de la bonne femme. Sa taille imposante la rendait facilement repérable et au signe convenu le père Glatre lui tapa sur le ventre:

— Et la jolie morue qu'il y a là-dessous!

— Qu'est-ce que tu vois là-dessous, vieux maquereau? brailla la bonne femme en soulevant jupe et tablier le plus haut possible.

La morue avait disparu. Le père Glatre ne savait plus où se mettre. Quant à moi, j'étais bon pour une engueulade maison. J'ai appris plus tard, par un matelot qui s'était trouvé là au même moment, qu'elle m'avait aperçu en embuscade au panneau de cale. Se sachant découverte, elle avait eu le temps de se débarrasser du poisson.

Après de courts congés, nous avons mis le cap sur le Groenland. Une nouvelle panne de radar a tout remis en question au bout de quinze jours. Sur ces bancs et dans ces conditions, il était inutile d'insister. Nous avons donc remis le cap sur Terre-Neuve, pour réparation, et ensuite sur le banc du Grand Nord.

J'ai vu cette année-là, célébrer pour la dernière fois le 15 Août sur les bancs, selon la tradition héritée de nos ancêtres : une statue de la Vierge sur une manne de sel, entourée de bougies allumées. Cela se passait dans le poste de tribord où l'on avait éteint la lumière. Un cantique fut lancé par le capitaine et repris par la plupart des hommes. Ils avaient tous leur pensée loin de là, chez eux, où le 15 Août était célébré avec éclat.

A Cancale, par exemple, toutes les prières des habitants allaient vers la Vierge pour qu'elle veille sur les terre-neuvas. Cela commençait par un pèlerinage et une messe à la chapelle du Verger. L'après-midi, on s'y rendait également en procession. Enfin, le soir, avait lieu une cérémonie qui existe toujours et plonge les touristes dans la perplexité : une douzaine d'oratoires sont dressés dans toute la ville, aussi bien sur le port que dans les venelles les plus étroites de la vieille cité, au pied de la falaise. Chaque oratoire est dédié à la Vierge. Sa statue est en général entourée d'une rampe lumineuse, de bougies allumées, parfois de filets de pêche. A ses pieds, les gens qui ont réalisé l'oratoire ont aussi déposé des objets qui leur sont chers : des maquettes de bateaux, trois mâts morutiers ou bisquines de Cancale, des ex-voto, tout un arsenal qui ferait le bonheur des antiquaires.

Jusqu'à une heure avancée de la nuit, les Cancalais font le tour des oratoires, par groupes de plusieurs dizaines de

Le *Zélande*, le plus grand des chalutiers classiques, en pêche à Terre-Neuve vers 1970. *(Cliché D. Lécuyer).*

Lionel Martin à la passerelle de l'*Islande* lors du départ de Bordeaux le 21 septembre 1985. *(Cliché Hermé).*

Un petit coup de filet sur un chalutier classique, dans une clairière, aux abords de la banquise, vers 1970. *(Cliché D. Lécuyer).*

Le cuisinier du *Zélande* cherche quelques belles morues dans un parc à poissons. *(Cliché D. Lécuyer).*

Soulevé à l'aide des cartahus,
le chalut déverse la morue dans les parcs. *(Cliché D. Léger).*

Moins trente degrés au large du Groenlan

froid d'enfer, le pont et les gréements chargés de glace. *(Cliché D. Lécuyer).*

La chaîne des piqueurs
sur le pont du *Zélande* vers 1970. *(Cliché D. [illegible])*

Dans l'antre des saleurs s'édifient des murailles de morues; la cale d'un chalutier classique vers 1960. *(Cliché A. Conti).*

Vin chaud sur le pont du *Zélande* vers 1970. *(Cliché D. Lécuyer).*

Dans les navires-usines modernes, les hommes travaillent à l'abri devant des machines de traitement automatique. *(Cliché P. Cherruau).*

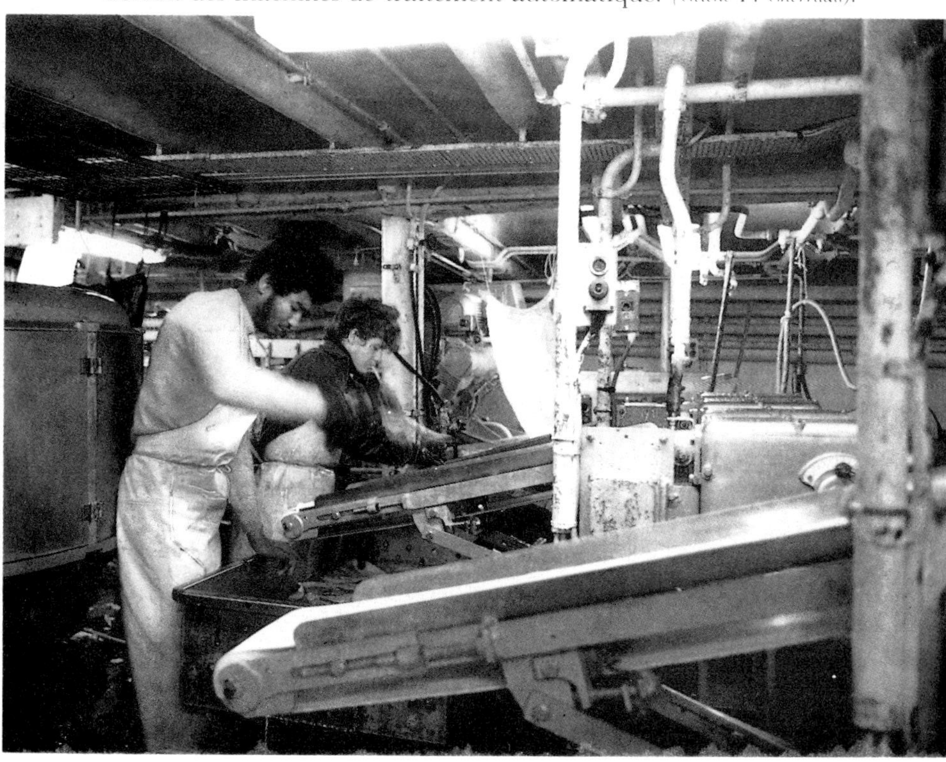

Filage du chalut sous la lumière rasante d'un soleil couchant, aux Kerguelen en 1982. *(Cliché P. Cherruau).*

Le navire-usine *Zélande II* à quai dans le port de Bordeaux. *(Cliché G. Gouyou)*

personnes, et entonnent quantité de cantiques, les uns rendant gloire à la Vierge, les autres lui demandant de veiller sur les terre-neuvas.

Pour les touristes qui se promènent dans Cancale le soir du 15 Août, cette cérémonie a quelque chose de folklorique, de désuet, d'un peu païen. Ils contemplent la scène d'un œil un tantinet narquois et l'on peut voir sur leur visage une petite lueur amusée qui paraît dire : « Eh oui, les Bretons ont toujours été très attachés à leur passé ! »

Cela n'empêche pas les Cancalais de continuer leurs dévotions comme si les touristes n'existaient pas ou comme s'ils étaient un mal nécessaire. Je crois même qu'ils en rajoutent un peu parfois, comme par défi. C'est que cette fête, pour tous ceux qui y participent, ne relève pas du passé mais du présent, ou en tout cas d'un passé très récent. Le 15 Août était pour l'immense majorité d'entre eux, et encore pour beaucoup aujourd'hui, l'occasion de tendre la main par-delà les mers à un fils ou à un frère, à un père ou à un petit-fils. Il suffit d'entrer dans le cimetière de Cancale pour voir quelle place la mer a prise dans leurs deuils.

Je n'ai jamais oublié ce 15 Août célébré en mer, quelque part sur le banc du Grand Nord, sans doute parce qu'il fut le dernier. Cette année-là, Saint-Malo mit en service son premier « pêche-arrière », un chalutier révolutionnaire, le premier de ce type en France, et qui devait rester le seul pendant plusieurs années.

Pour le *Duguay-Trouin*, le voyage se terminait moins bien que le précédent, même si nous avions en cale une belle qualité de poisson. Au moment d'arrêter la pêche, nous étions entourés de satauns. Ces oiseaux ressemblent à l'hirondelle et dégagent une odeur nauséabonde. Les marins qui fréquentaient l'Atlantique les appelaient « sataniques ». Selon les anciens, ils portaient malheur et attiraient le mauvais temps.

Quand nous sommes rentrés, début décembre, une mauvaise nouvelle nous attendait : trop vieux, le bateau n'allait pas repartir. Cette décision était dure et elle annonçait l'amorce du déclin de la grande pêche. Les unités disparues n'étaient pas remplacées.

Finalement, après réflexion, le père Glatre devait réarmer le bateau trois mois plus tard pour un nouveau voyage. Mais cela ne me concernait plus.

Le plus grand chalutier du monde

L'année suivante, j'embarquai sur le *Zélande*, un bordelais, le plus beau et le plus grand des classiques. Je retrouvai donc l'armement de mes débuts, les Pêcheries de Bordeaux-Bassens, ainsi que monsieur Dezeustre, l'homme qui m'avait sauvé de la méchanceté de Gros Louis et du froid. Quant au P.-D.G. des Pêcheries, monsieur Huret, il m'avait envoyé une lettre de félicitations lorsqu'il avait appris les résultats de mon examen de patron de pêche. Certes, il le faisait pour tout le monde, mais il y avait une grande courtoisie dans ce geste d'encouragement. Pour moi, monsieur Huret n'était pas un homme ordinaire.

Monsieur Dezeustre me reconnut sans peine après notre longue escale, dix ans plus tôt, au cours de laquelle j'avais participé à la surveillance du déchargement du *Finlande*. Il était, lui aussi, très proche des officiers et des équipages.

Les troubles sociaux nés de la réduction de la flotte et de la discussion d'une nouvelle convention collective avaient retardé les appareillages. C'est ainsi que le *Zélande* fut le premier bateau de l'armement à quitter Bordeaux le 3 mars, au lieu du 15 février 1963.

J'étais très fier de cet embarquement sur un navire ultramoderne. Rapide, il filait 13 nœuds, ce qui était exceptionnel pour l'époque. Fernand Girard, le capitaine, était un homme de grande réputation et avait su choisir un équipage d'une exceptionnelle qualité. Des appareils sophistiqués garnissaient la passerelle. L'équipe machine ne déparait en rien celle du pont. Dans le compartiment des moteurs, tout brillait comme un sous neuf et on aurait mangé sur le parquet. Bref, c'était le haut de gamme et j'étais bien décidé à en tirer le plus grand profit.

Au bout de sept jours de traversée, nous avons commencé à sonder les accores du Bonnet-Flamand, l'un des bancs les plus célèbres de Terre-Neuve. La visibilité était médiocre, mais il y avait une quantité d'échos sur l'écran radar. Nous avons d'abord rencontré le *Ville-de-Fécamp* qui avait du poisson plein le pont. Retardés par le temps très dur de la traversée, nous n'avions même pas fini de monter nos parcs. Au bout de quelques heures, nous avons cependant été en mesure de filer le chalut. Le poisson abondait. Mais le Bonnet-Flamand, le seul banc dans le sud-est de Terre-Neuve, est entouré d'abysses, ce qui provoque souvent des houles énormes. Nous roulions bord sur bord et étions souvent obligés de mettre à la cape.

Après une dizaine de jours, Fernand a décidé de faire route vers son coin de pêche favori, le golfe du Saint-Laurent. Nous y avons trouvé beaucoup de poisson, mais surtout un temps très clément. Tous les jours nous dépassions les vingt-trois tonnes, parfois nous atteignions les vingt-cinq. Quel capitaine, mais aussi quel équipage!

Lorsqu'il y avait des pontées ou des avaries, j'allais donner un coup de main sur le pont. C'était absolument normal et je n'aurais d'ailleurs pas accepté un régime de faveur; mais j'étais débarrassé de la corvée de la cambuse. A mes débuts sur le pont, j'avais connu les ramendeurs qui tenaient toujours leur couteau entre les dents, de façon à avoir leurs mains libres. Maintenant, ils portaient tous un fourreau à la hanche. Leur habillement, en revanche, n'avait guère évolué : un suroît et des pantalons cirés qui retombaient pardessus les bottes. La base du ciré était serrée sur chaque botte par un élastique pour empêcher l'eau de remonter. Aux poignets également, un élastique assurait l'étanchéité.

Jamais je n'avais vu autant de matériel de pêche sur un seul bateau. Les magasins étaient pleins, et pourtant ils étaient immenses. Les ramendeurs pouvaient même y monter un chalut en restant à l'abri. Les cales, au nombre de quatre, étaient gigantesques. On pouvait y caser mille quatre cents tonnes de morue. Le *Zélande* fut le plus grand chalutier classique de tous les temps. Il mesurait soixante-dix-sept mètres de long pour treize de large. Avec 1 600 CV de machine, il avait deux fois la puissance du *Duguay-Trouin*.

Dernier détail, le cuisinier était le meilleur que j'avais jamais connu depuis le début de ma navigation. Légumes et salades tous les jours, steaks à minuit, et même les pâtés Hénaff sans lesquels un Breton se sent toujours un peu perdu. La nourriture était saine et abondante.

Inutile de dire que je m'habituai très vite à la vie sur le *Zélande*. Ce printemps-là, beaucoup attrapèrent la grippe, ce qui me valut un réel surcroît de travail. D'abord pour soigner les malades et les remettre sur pied le plus vite possible; ensuite pour tenter de combler les vides les plus gênants. Nous avions trouvé du beau poisson, et en quantité, sur le banc de Well Fall, très connu des anciens. Pour absorber la production, tous étaient mobilisés. Nous allions par exemple donner un coup de main aux saleurs pour leur permettre de libérer plus vite de la place. Nous étions aussi de corvée de sel. Elle consistait, suivant les besoins, à passer le sel d'une cale à l'autre. Là, il n'était pas question de mourir de froid.

Grâce à ces conditions, notre voyage fut exceptionnellement court. Nous sommes rentrés au bout de deux mois avec huit cents tonnes de poisson salé.

Malade, Fernand ne pouvait être du voyage suivant. La direction de la pêche avait été confiée au second et nous avions embarqué un capitaine porteur. Capitaine sur le rôle d'équipage, il pouvait satisfaire aux exigences de l'administration maritime, tandis que l'armateur confiait la direction de la pêche à un homme qui n'avait pas le brevet requis pour commander un bateau. De nos jours, cette pratique a disparu et un capitaine doit posséder la double compétence, celle de la navigation comme celle de la pêche.

Nous nous sommes d'abord dirigés vers la Norvège et la mer de Barents. Au bout de quatre ou cinq jours, nous n'avions rien pris. La synthèse des nouvelles reçues en code des bateaux anglais ou des autres n'était pas plus encourageante. Le patron a alors décidé de faire route sur le Groenland où les nouvelles étaient fort bonnes en ce mois de juin. De conserve avec l'*Heureux,* nous sommes passés par le sud de l'Islande. Au bout de sept jours nous avons atteint le cap Farewell et les premiers icebergs.

Comble de malchance, alors que nous étions à peine à vingt-quatre heures des lieux où opéraient avec succès quelques bateaux français, la pêche s'est mise complètement à manquer. Nous avons alors cherché à traquer le poisson disparu dans des lieux impossibles. En vain. De plus, les croches sur le fond étaient innombrables. C'est alors que nous avons eu la chance de rencontrer un portugais en pêche à No name bank, au sud de Frederikshab. En 1963, nous ne savions pas grand-chose sur ces bancs du large. Le capitaine du *Santo Andre,* en code avec nous, connaissait le coin à merveille. Il nous a donné tous les tuyaux qu'il fallait, les bons et les mauvais fonds, les époques de passage du poisson, etc. Je notais tout cela à la VHF et ensuite je transposais sur les cartes.

Avec lui et un second portugais, nous sommes allés à Nanortalik, à la pointe sud du Groenland, au-dessous du cap de Désolation. Il y avait aussi quelques anglais dans ces parages. Il ne fallait surtout pas filer le chalut au-dessous de cent trente mètres. A raison de huit à dix tonnes par jour, la pêche fut moyenne pendant une semaine. Las, le courant de l'est du Groenland nous amena la banquise et surtout la brume. Notre champ d'opération devenait une vraie peau de chagrin. Jugeant la situation précaire, quelques bateaux quittèrent alors les lieux.

Avec la brume, nous ne nous étions absolument pas rendu compte de la gravité de la situation et sans le savoir, nous étions prisonniers de la banquise. Ce n'est que lorsque le *Santo Andre* s'est mis à faire route que nous avons décidé d'en faire autant. Au radar, tout était blanc. Nous avions le cap plein ouest. La visibilité oscillait entre un et un demi mille. La banquise est excessivement dure au Groenland, aussi mettions-nous toujours en route avec une extrême prudence. Jean, le patron, se tenait au carreau, la vitre de la passerelle, moi au chadburn, l'appareil qui sert à transmettre les ordres à la machine. A la vitesse de deux nœuds seulement le bateau grimpait sur la banquise, se mettait à giter d'environ dix degrés, brisait la glace puis reprenait son équilibre. Du mât à la table des cartes, tout tremblait à bord. Quand nous apercevions à un mille un iceberg soudé dans la banquise, il fallait tant bien que mal changer le cap d'une dizaine de degrés. Parfois, nous étions totalement immobilisés.

Notre cauchemar dura dix-huit heures, le temps de faire

vingt milles. Si l'on excepte dix-sept tôles à changer à notre retour, nous nous en étions bien tirés, contrairement à l'un des chalutiers anglais qui sombra sans que personne ne puisse lui porter secours à cause de la brume.

Les bateaux français prévus pour faire deux voyages partaient les premiers et mettaient le cap vers leurs ports de livraison. Pour le *Volontaire*, le *Louis-Girard*, l'*Heureux* et nous-mêmes, il fallait continuer.

Nous sommes donc allés plus au nord, sur le banc Fyllas. De nouvelles difficultés nous y attendaient ; à la suite d'une croche, nous avons grillé l'induit du treuil : il n'était plus question de pêcher et nous n'avions pas à bord le matériel nécessaire à la mise en place de l'induit de rechange.

Nous avons alors mis le cap sur le port d'Holsteinsborg, à l'ouest du Groenland. A l'entrée du port, nous avons vu venir vers nous, depuis la ligne d'horizon, une petite embarcation montée par deux Esquimaux habillés de fourrures et armés de carabines. Quelques mouettes nous suivaient, une escorte réduite puisque nous n'étions pas en pêche. Malgré le roulis qui agitait leur embarcation au passage du bateau, les Esquimaux ont tiré deux coups de fusil, à plus de trente mètres ! Deux mouettes sont tombées et ont été prestement ramassées. Le pilote esquimau est alors monté à bord et il nous a fait comprendre par geste que son repas du soir était assuré. Sur ses indications, nous sommes ensuite rentrés dans le port naturel.

Holsteinsborg constitue un excellent abri, sauf contre les vents du sud-ouest. Il a été le port du Groenland le plus fréquenté par les bateaux français. Beaucoup de nos marins y ont été hospitalisés et fort bien soignés. C'était la première fois que je faisais escale à Holsteinsborg.

Nos travaux durèrent deux jours et certains les trouvèrent beaucoup trop courts. En effet, des jeunes filles arrivées en kayak ou dans d'autres embarcations avaient envahi le bord. Elles avaient pour la plupart été amenées par leur mari ou leur père. Le sens de l'hospitalité que l'on prête aux Esquimaux n'est absolument pas une légende. En tout cas, ce fut pour la plus grande joie des célibataires du bord.

Je ne devrais d'ailleurs pas employer le terme d'Esquimau. Ce mot est pour eux péjoratif. Ils se veulent groenlandais. Les embarcations, le long du bord, regorgeaient de chiots, de bois, de peaux de rennes, de carabines, de marchandises que nos hôtes essayaient le plus possible de troquer contre de l'alcool ou du vin.

Le bateau réparé, nous sommes allés pêcher au large d'Holsteinsborg dans un coin baptisé « cimetière » tellement les bateaux y avaient perdu de chaluts et de matériel de pêche. L'endroit n'était pas fameux mais nous savions qu'ailleurs il n'y avait rien. Jean était désespéré de voir les jours passer et les cales rester désespérément vides. Devant cette triste évidence, il décida de faire route sur Terre-Neuve. Nous avons mis trois jours pour atteindre le Labrador. Rien ! Nous sommes allés sur le banc de Belle-Isle. Rien ! Enfin, une bonne nouvelle nous est arrivée en code : les portugais étaient en plein détroit de Belle-Isle et ils pêchaient bien.

Dans le détroit la terre était à dix milles de chaque côté, au nord le Labrador, au sud Terre-Neuve. Nous avons trouvé les bateaux à la sortie du détroit. Parmi eux, il y avait le *Shamrock* qui n'était pas en code avec nous. Nous avons filé rapidement le chalut et nous avons croché au bout de vingt minutes. Il y avait trois pales de morues énormes. Vivantes, les plus grosses pesaient de soixante à soixante-dix kilos. Il était impossible pour les piqueurs de les ficher sur leurs piqueux. Ils vidaient le poisson à même le fond du parc. Parfois, ils devaient se mettre à deux pour jeter la morue vidée dans le parc des décolleurs. Une telle morue, mise en cale, pèsera vingt-sept kilos à son arrivée à Bordeaux. C'est un record quand on sait que la morue se déshydrate dans le sel et perd presque la moitié de son poids.

Nous pêchions du poisson énorme, mais les avaries allaient en conséquence. Les croches étaient abondantes. Nous ne pouvions traîner plus d'une heure car le chalut se chargeait de pétoncles. Nous en mangions à toutes les sauces. Pendant leur quart de couche, les hommes faisaient leurs provisions de langues et de joues. Avec de telles pièces, les barriques se remplissaient vite.

A cette époque, nous avions encore le droit d'approcher jusqu'à trois milles de terre. C'était un plaisir pour nous que de travailler auprès de l'Île aux Bois, l'île Verte ou le cap Ferrol, des noms bien de chez nous et la preuve du passage de nos ancêtres. La pêche fut bonne pendant une quinzaine et cela nous permit finalement de sauver le voyage. Nous avons fait route France avec trois cent soixante tonnes de poisson, dont deux cents d'excellent produit qui, au kilo, valait trois fois le petit.

Nous avons eu droit à trois semaines de congés pour permettre au bateau de passer en cale sèche. Rétabli, Fernand a repris son poste et le capitaine porteur a été débarqué. Nous sommes repartis pour le Groenland, cette fois au nord, sur la côte ouest. Là, j'allais être à la fête car je ne connaissais rien du travail près de terre en cet endroit. Nous avons mis en pêche à Holsteinsborg puis ce fut le Trou Diveu, La Barre, Arfit, Kitsitsut et surtout Le Plateau. Je n'arrêtais pas de prendre des notes et de faire des plans de pêche. Fernand avait des coins bien à lui, notamment ceux qu'il appelait « La Bouée » et « Le Goémon ». Au fil des jours cela devenait de la routine.

Le saumon abondait et nous en prenions jusqu'à une demi-tonne par jour. Il figurait donc au menu pour tous ceux qui en désiraient. Je retrouvais aussi les repas de mes débuts, les boucs et le lançon. A partir du 15 septembre, les canards apparurent par centaines.

Le travail du Groenland était très spécial car le poisson avait des habitudes très particulières. A telle heure, il passait ici. A telle autre, il passait là. A Holsteinsborg, le meilleur moment se situait au point du jour. Le soir, il valait mieux tenter sa chance du côté du Banc, d'Arfit, de Diveu ou bien du banc du Saumon. Ensuite nous faisions route au Goémon. C'est en général à ce moment-là que Fernand allait se coucher. Le travail était tellement divers que le temps passait très rapidement.

Après un court passage à Terre-Neuve, en l'occurrence sur le banc de Belle-Isle, nous sommes rentrés à Bordeaux avec sept cent cinquante tonnes de poisson. En si peu de temps, c'était un record.

C'est au retour à Bordeaux que monsieur Dezeustre, directeur des Pêcheries de Bordeaux-Bassens, me fit une proposition :

— Vous venez d'être reçu patron de pêche. Vous êtes jeune. Il ne faut pas rester ainsi. Allez au cours de capitaine.

Il me vit hésiter. Je n'étais guère riche et je venais de me marier.

— Bon, me dit-il, vous recevrez de l'armement 500 francs par mois.

Je décidai alors d'essayer et de m'inscrire aux Rimains.

Je me préparais à rentrer au cours lorsqu'un homme se présenta chez moi. C'était le capitaine du *Bassilour* et il voulait me proposer d'être son second. J'ai évidemment refusé en lui expliquant que j'avais décidé de passer le brevet de capitaine. Il a alors mis la barre à quatre parts vingt-cinq. Nouveau refus. Il a encore monté la barre et je lui ai demandé quelques heures de réflexion. La peur de manquer d'argent malgré le petit coup de pouce financier de l'armement m'a finalement fait céder. J'ai accepté les quatre parts et demie. Je venais de commettre la plus grosse bêtise de ma carrière. J'ai averti monsieur Dezeustre qui n'a pas du tout apprécié. Comme je le comprends maintenant !

Quelqu'un de dépressif n'est pas inapte à la navigation

Me voilà donc de retour à Bordeaux comme second capitaine sur un vieux bateau, le *Bassilour.* Le premier capitaine était de Fécamp, le premier lieutenant de Cancale. L'équipage était moitié fécampois, moitié breton. Nous étions partis le 15 février 1964 pour trois campagnes et avions mis en pêche au Labrador. Le *Bassilour* était un excellent bateau, surtout par mauvais temps. Malheureusement, au bout de quinze jours de pêche, tous les appareils de la passerelle étaient tombés en panne les uns après les autres. Bientôt, télégrammes, lettres et radio-maritimes se sont faits rares pour disparaître complètement. Travailler à la passerelle sans l'appareillage classique posait de sérieux problèmes. Nous ne possédions plus qu'un seul sondeur qui avait une marge d'erreur de soixante mètres sur les autres navires. Faute de liaisons, nous sommes rentrés en France, sans ordres. C'est seulement en coupant la ligne Ouessant-Finistère que nous avons pu joindre en VHF un cargo allemand qui a prévenu Le Conquet de notre retour.

Nous avions dû faire escale à Terre-Neuve pour faire réparer tous nos radars. Quelques semaines plus tard, ils devaient tous retomber en panne, sauf un, d'une portée de trois milles. Au cours de cette escale à Saint-Jean j'ai été chargé d'effectuer la visite protocolaire sur le bateau d'assistance, l'aviso *Commandant-Bourdais.* La tradition veut en effet qu'à chaque fois qu'un navire de guerre français est en escale dans un port les capitaines des bateaux marchands aillent saluer celui du navire de la Royale. Sur le *Commandant-Bourdais* j'eus la surprise de retrouver le commandant Guillon qui avait été mon commandant, pendant mon service militaire à Cherbourg, sur le dragueur de mines *Régulus.* Il parut très heureux de voir son matelot gabier devenu sept ans plus tard second capitaine sur les bancs. Quant à moi, je n'étais pas peu fier.

Ce voyage, comme le suivant, devait être dur. Sur le *Bassilour,* au lieu d'assurer le quart de minuit à 7 heures et de 12 heures à 18 heures, comme sur la plupart des chalutiers français, je prenais le quart de 23 heures jusqu'à 12 heures le lendemain. Je passais treize heures consécutives à la passerelle, ce qui était très pénible. Pour la première fois, j'ai travaillé avec un brouilleur. Tous les bateaux du groupe en étaient équipés. Cet appareil VHF empêchait les bateaux d'autres groupes de recevoir et de comprendre nos communications. Nous n'avions plus de soucis à nous faire avec les codes.

Le deuxième voyage se fit dans le nord de Belle-Isle. Un jour que du poisson avait été localisé au Grand Nord, nous mîmes aussitôt cap sur ce banc. La brume était épaisse et le radar littéralement plein d'échos, jusqu'à 20 ou 30 dans un rayon de six milles. La visibilité, souvent, ne dépassait pas les cent mètres. Dans une éclaircie, très brève, nous avons aperçu une centaine de bateaux russes, espagnols et portugais. Ensuite nous avons travaillé pendant trois semaines à plus de cent bateaux sur un mouchoir de poche, sans visibilité aucune. Certains traînaient est-ouest, d'autres nord-sud. Il y avait de quoi devenir fou ! Au bout de treize heures de quart dans ces conditions, j'étais complètement exténué. Une seule consolation dans ce grand cirque : la pêche était satisfaisante.

Nous nous apprêtions à débanquer lorsqu'une catastrophe survint. Dans la cale, un homme était devenu fou. Il avait retiré toutes les échelles pour que personne ne puisse descendre et menaçait quiconque voulait s'approcher avec une fourche à deux dents.

La décision fut aussitôt prise de faire route France. Comme nous lui avions envoyé de la nourriture et de l'eau et qu'il n'y avait pas touché, le capitaine décida de descendre dans la cale avec un bout pour essayer de le raisonner. Je tentai de l'en dissuader mais rien n'y fit. Un bout fut amené et le capitaine commença sa descente. L'homme se tenait trois mètres plus bas. Il vociférait, la fourche dirigée vers le capitaine, mais celui-ci continuait à descendre. Il parlait doucement, appelait l'homme par son prénom et lui disait qu'il était son ami. La fourche s'abaissa. Le capitaine se tenait maintenant près de l'homme. Il lui parlait toujours avec douceur et si bas que nous ne comprenions plus ce qu'ils se disaient.

Le capitaine mit alors une échelle et l'homme monta devant lui. Ce jour-là, Eugène Ébran avait montré un grand courage qui nous avait fort impressionnés. L'homme fut mis dans une cabine et on lui administra sédatifs et calmants. Le lendemain matin, alors que j'allais le voir, je trouvai la porte fermée de l'intérieur. Je l'appelai. Il répondit en vociférant :

— Non, vous ne m'aurez pas !

J'aperçus alors dans la cloison des pointes sortant de cinq centimètres. Je remontai et appris que du matériel technique était entreposé dans cette cabine, notamment des pointes de vingt centimètres et des marteaux. Je fis alors le tour de sa cabine par le pont et regardai par le hublot. Il avait démonté une couchette et les planches avaient été clouées en croisillon sur la porte.

A l'entrée en Gironde, nous contactâmes les services médicaux. Ils nous répondirent qu'ils seraient sur le quai, mais qu'en aucun cas ils n'étaient habilités à intervenir à bord. Courageux mais pas téméraires !

Nous étions très ennuyés. Comment le sortir de là ? Il était bien barricadé, violent et mesurait un mètre quatre-vingts pour quatre-vingt-dix kilos. Enfin il possédait des marteaux, des épissoirs et beaucoup d'instruments dangereux. Néanmoins il acceptait tout ce que lui passait Eugène par le hublot. Je proposai donc de lui préparer de l'eau teintée de vin dans laquelle nous aurions dissous huit cachets de Quietal : de quoi endormir un rhinocéros. Eugène fit ouvrir le hublot. L'homme prit la bouteille. Nous étions à six heures des quais de Bordeaux. Le pilote était déjà à bord.

Lorsque nous avons accosté, l'homme était toujours debout. Pire, il n'avait pas touché à la bouteille. Les services spécialisés attendaient sur le quai avec la camisole et l'ambulance. Avec l'accord du représentant de l'armement, nous avons pris la seule décision qui s'imposait : enfoncer la porte avec des masses et à l'aide de leviers. Ce n'était pas facile car dans une coursive il n'y a pas la place de prendre beaucoup d'élan. Nous étions six à forcer la porte. Quand le premier panneau a volé en éclats, l'homme a reculé pour se prostrer dans le fond de la cabine. Il y régnait une odeur épouvantable. Pendant une semaine il avait uriné et déféqué dans sa cabine. En dix minutes nous sommes venus à bout de la porte puis le capitaine est rentré et a parlé calmement au malade. Bientôt celui-ci s'est levé. Il a suivi Eugène docilement et nous l'avons accompagné jusqu'au quai.

Cette histoire n'était pas terminée pour autant. J'avais demandé au garçon de nettoyer la cabine où avait été enfermé le malade et il avait monté à l'office la bouteille droguée. Jean le maître d'équipage, et Michel le chef ramendeur, étaient passés par là. Ils avaient soif à la fin de la manœuvre et s'étaient servi à boire dans cette bouteille. Une heure après, ils montaient dans un taxi avec six hommes en direction de Fécamp. Ils ont dormi pendant six cents kilomètres et ne se sont réveillés qu'à quelques minutes de leur domicile. Leurs compagnons de route s'étaient même arrêtés et restaurés sans qu'ils s'en aperçoivent.

J'ai ainsi connu plusieurs cas de déprime grave, mais je n'ai jamais pu savoir s'ils étaient aggravés par nos conditions d'existence particulièrement dures, ou si ce travail infernal qui ne nous laissait même pas le temps de penser était au contraire un excellent remède contre le stress.

C'est en 1966 au Groenland que je connus le cas le plus extraordinaire. J'étais en plein sommeil quand le capitaine Jean Ronarc'h a ouvert brutalement la porte.

— Lionel, levez-vous vite, il y a un homme à la mer.

En quelques secondes j'étais à la passerelle. Déjà le doris quittait le bateau avec deux solides gaillards à son bord. La mer était trop forte pour mettre à l'eau un doris dans les conditions normales de sécurité et il fallait que la vie d'un homme en dépende. Pendant ce temps, nous avions stoppé le chalut et commencé à virer. Nous suivions l'approche du doris à la jumelle. Il faillit chavirer en embarquant l'homme qui, à notre grand étonnement, portait une brassière de sauvetage et une paire de chaussures vernies.

Le doris eut bien du mal à rejoindre notre bord car la

mer devenait de plus en plus dure. Enfin l'homme fut agrippé par plusieurs mains et hissé à bord. Sur sa brassière, il y avait une inscription : « *Marion-de-Procès* ». Le naufragé fut immédiatement transporté à la cuisine, au chaud, tandis que nous prenions contact par VHF avec le capitaine du *Marion,* un chalutier de Bordeaux.

Immédiatement identifié grâce à cet appel, le naufragé fut étendu sur une table et déshabillé. Il était très jeune, ses jambes et ses bras étaient morts et sa langue était paralysée. Nous l'avions repêché dans une eau à six degrés. Son pouls était très faible. Je l'ai frictionné à l'eau de Cologne et j'ai commencé à le masser sans arrêt. Au bout de trois quarts d'heure, un peu de chaleur a commencé à se faire sentir dans le haut des jambes et des bras. Cela nous a encouragés. J'étais en nage et exténué. Le premier lieutenant m'a remplacé, puis nous nous sommes relayés. Au bout de deux heures les membres étaient complètement réchauffés. Notre homme était hors de danger.

Je lui ai fait boire une boisson chaude, mais il ne parlait toujours pas. Peu de temps après il a prononcé quelques mots incompréhensibles puis a vomi. Nous l'avons étendu sur la couchette du boulanger où il s'est endormi. Quelques heures plus tard il a enfin parlé. Cette fois, il paraissait vraiment sauvé. Le soir, je suis allé le voir et il m'a dit sa reconnaissance. Je lui dis qu'il ne me devait rien mais qu'il fallait plutôt remercier le capitaine qui avait su manœuvrer avec une extrême rapidité et surtout les deux dorissiers qui avaient risqué leur vie pour lui. Mais je n'ai pas insisté car le gamin était visiblement encore en état de choc.

Le lendemain, j'ai gagné sa confiance avec quelques bandes dessinées et lui ai demandé pourquoi il avait sauté à l'eau avec une brassière de sauvetage et une paire de souliers neufs.

— Voilà, me dit-il. J'étais postal[1] et les gars n'arrêtaient pas de m'emmerder tous les jours. Voyant la terre de loin, j'ai voulu la rejoindre.

— Bien sûr, mon petit gars. La terre te paraît proche parce qu'elle est haute, mais nous en sommes au moins à quarante kilomètres. Tu n'avais aucune chance de la rejoindre dans cette eau glacée.

Ce gamin avait dix-sept ans. Il est resté quelques jours avec nous avant de rejoindre son bateau d'origine.

J'ai connu un autre cas en août 1969, dans la mer de Barents. Le temps était superbe, nous avions droit tous les jours au soleil de minuit. Mais il y avait peu de poisson et il fallait aller le chercher dans des endroits impossibles. Cela s'est produit un jour où la pêche était nulle. Un homme s'était tranché les veines des deux poignets avec des tessons. C'était pourtant un garçon calme. Il avait seulement trop arrosé son anniversaire et la boisson ne lui réussissait pas.

Il avait fallu quatre matelots et le chef de bordée pour l'amener à la passerelle. Il était comme fou. Nous aurions bien voulu le soigner mais il se débattait tellement qu'il n'était même pas possible de lui faire une piqûre. Je lui ai allongé deux crochets du droit et il n'a pas bronché. Les officiers ont dû sauter à quatre sur lui pour le maintenir, j'ai pu ainsi lui faire une piqûre de Gardenal. Quelques minutes plus tard, il ne se débattait plus et je pouvais alors commencer à le soigner après lui avoir mis deux garrots. J'ai réussi à lui faire absorber quelques médicaments et à lui poser quelques agrafes après avoir couvert ses plaies de sulfamides. Enfin, j'ai largué les garrots petit à petit. Toute la nuit il a dormi dans la passerelle en ronflant. Le lendemain, à son réveil, il était tout ébahi de se retrouver là. Nous l'avons

1. Chargé du service au réfectoire et de la propreté des postes.

placé à l'infirmerie, sous surveillance. Tout rentra dans l'ordre au bout de quelques jours. L'homme resta sobre mais il fut tout de même remercié en fin de voyage.

La notion du risque est difficile à mesurer pour ceux qui ne sont pas du métier. Un jour, c'était en décembre 1980, j'avais voulu faire hospitaliser trois matelots à Saint-Pierre-et-Miquelon. Le premier souffrait d'une grosseur impressionnante mais aussi très douloureuse sur le testicule droit. Celui-là n'a pas posé de problème.

Le deuxième matelot était devenu presque fou. Le troisième était tombé en pleine déprime au point que j'avais dû le mettre sous Librium et Phenergan. Il prétendait uriner le sang, aussi lui avais-je donné un seau en lui recommandant de s'en servir si les hémorragies reprenaient. Je n'ai jamais vu de sang, en revanche, il était atteint de terribles tremblements et son cas m'inquiétait beaucoup. Je l'ai obligé à venir à la passerelle avec un verre d'eau pour qu'il prenne ses cachets devant moi. Je savais que, malgré mon interdiction, il continuait à prendre de l'alcool.

J'ai donc conduit mes trois hommes à l'hôpital de Saint-Pierre et suis tombé sur un médecin de service qui m'a stupéfié :

— Quelqu'un de dépressif n'est pas inapte à la navigation, m'a-t-il dit.

— Je veux bien, lui ai-je répondu, mais il faut que vous me l'écriviez. Je suis capitaine de pêche, je ne suis pas médecin et encore moins psychiatre.

J'ai alors appelé les deux malades devant le toubib. Ils ont reconnu qu'ils étaient déprimés, avec des envies suicidaires. Il a finalement accepté de les hospitaliser.

Mon souvenir le plus pénible est aussi lié à la mer de Barents. J'y suis parti un jour avec une couronne mortuaire confiée par une veuve et j'étais chargé de la jeter à la mer, au sud-ouest de l'Ile aux Ours. L'hiver précédent, alors que j'étais resté à terre, un boulanger qui avait longtemps navigué avec moi avait disparu en cet endroit. Sur la couronne il y avait un simple ruban : « A mon époux. » Arrivé dans les parages, seul sur le balcon de la passerelle pour cacher mon émotion, j'ai jeté ces fleurs à la mer après avoir récité une petite prière.

La pêche n'est pas une science exacte

Pour le troisième voyage du *Bassilour,* nous avions mis le cap sur le Groenland. Eugène ne connaissait pas bien le travail à terre mais, en revanche, le plateau n'avait pas de secret pour lui. La pêche fut pourtant moyenne.

C'est lors de ce voyage que j'ai eu la chance de voir chavirer un iceberg. Quelques morceaux se sont détachés. L'iceberg s'est mis à rouler sur lui-même puis il a carrément fait la balançoire avant de se stabiliser, la quille en l'air. Un spectacle extraordinaire qui se déroula dans un bruit de tonnerre.

Peu de jours plus tard, le 5 octobre 1964, j'eus le bonheur d'apprendre la naissance d'un fils à la maison. Nous mangions ce soir-là des moules fraîches récupérées dans le chalut. J'ai ouvert une bouteille de champagne puis la vie et la pêche ont repris leurs droits. Nous avons terminé notre voyage par le Labrador puis par des bancs plus au sud, avec beaucoup de mauvais temps. Début décembre, nous avons fait route sur Bordeaux pour y apprendre que le bateau était vendu. Racheté par les Pêcheries de Bordeaux-Bassens, il devait prendre le nom d'*Islande.* Le nouveau propriétaire licenciait presque tout l'équipage pour ne garder que l'équipe machine. Je faisais évidemment partie du wagon et je ne me voyais surtout pas aller pleurer chez le père Dezeustre, d'autant que Fernand, lui aussi, quittait la maison pour prendre le commandement de l'*Heureux*.

Le départ suivant fut contrarié par la grève des équipages qui sévissait à Saint-Malo depuis janvier. Le principal conflit portait sur la date de départ. Les équipages refusaient d'accéder à la demande des armateurs d'avancer les départs sous prétexte que les ponts des chalutiers classiques avaient été couverts et qu'ils étaient donc mieux protégés des intempéries.

Le premier bateau à forcer le barrage fut le *Colonel-Pleven*. Il appareilla sous une grêle de pierres car les forces de police n'avaient pu contenir le millier de manifestants. Endommagé, le bateau dut gagner Cherbourg pour panser ses plaies. C'était le 15 février 1965 et nous fûmes convoqués trois jours plus tard, pour 2 heures du matin. L'armateur m'avait contacté personnellement pour avoir mon accord de principe. Je le lui avais donné, mais en précisant que je ne resterais pas sur le gaillard si les manifestants nous bombardaient avec des pierres. Je ne tenais pas à compromettre la suite de ma carrière en perdant un œil.

Finalement, nous avons pu appareiller sans incident. J'ai pris la direction des bancs avec la quasi-totalité de l'ancien équipage du *Zélande*, de bons marins. Quant au matériel de pêche, c'était l'exacte réplique de celui du *Zélande*.

Sur le Saint-Laurent, la pêche n'était pas mauvaise mais notre rendement était cependant moyen. Nous avons essayé toutes sortes de transformations sur le chalut, mais rien n'y fit. Pourtant, nos détections étaient bonnes. Le problème ne venait pas d'un mauvais placement et se situait ailleurs. Matériel ? Assiette du navire ? C'était le brouillard total.

Jamais je n'avais aussi bien réalisé que la pêche n'est pas une science exacte.

Un jour, nous étions en pêche à Well Fall. La brume était opaque. Une quinzaine de bateaux traînaient nord-sud, parallèlement à la côte de Terre-Neuve, à une quinzaine de milles. Les Allemands constituaient la majorité du groupe. Les autres étaient français. Notre bateau et le *Zélande* traînaient l'un derrière l'autre. J'étais de quart. A 4 heures du matin, nous avons vu un navire arriver de Saint-Jean de Terre-Neuve et mettre le cap à l'est, en plein sur la pêcherie et à grande vitesse. La visibilité ne devait pas dépasser les cent mètres. Au radar, je l'ai vu arriver à quatre milles dans le travers bâbord. Le relèvement radar ne changeait pas, autrement dit il ne modifiait pas sa route.

Deux milles, un mille et demi, le relèvement ne changeait toujours pas. Je n'étais pas le seul à surveiller sa route avec inquiétude. Sur le *Zélande,* ils suivaient aussi la manœuvre au radar. J'ai alors signalé notre présence par les signaux phoniques réglementaires. Pas de réponse ! A un mille, je donnai de la corne de brume. Le relèvement n'avait toujours pas changé. Je mis en arrière toute, fis larguer les câbles, et tribord toute ! Nous abattîmes cap à l'est. L'écho était à 0,3 mille, puis 0,2, soit près de quatre cents mètres. Les machines avaient été soumises à rude épreuve et la corne de brume n'avait pas chômé. Avec ce tintamarre, Fernand était arrivé en slip à la passerelle. Nous avons alors vu passer le long du bord un cargo, le *Gina,* port d'attache Monrovia. Il n'y avait personne sur sa passerelle. Nous revenions de loin. Quant au *Zélande* qui avait tout suivi, il était aussi époustouflé que nous.

Après quatre mois, nous avons mis le cap sur Saint-Malo. Le voyage avait été moyen car nous n'avions toujours pas résolu notre problème de pêche.

Quarante-cinq jours plus tard, nous reprenions la direction du Groenland. Et toujours le même problème : malgré les efforts du capitaine, qui était loin d'être un débutant, nous pouvions passer les premiers dans une détection de poissons, nous étions sûrs d'avance de pêcher moins que celui qui nous suivait. C'était à devenir dingue au point que Fernand a donné sa démission quand nous sommes rentrés à Saint-Malo le 14 décembre.

Ce fut à nouveau la valise pour une bonne partie de l'équipage. Quant au capitaine, il se vit offrir l'année suivante la surveillance de la construction du premier navire-usine des Pêcheries de Bordeaux-Bassens, le *Groenland.* Mis en chantier à Bordeaux, il devait sortir en 1967 et Fernand en prendrait le commandement. C'était le retour de l'enfant prodigue au sein de cet armement et sur la plus belle unité dont on puisse rêver à l'époque. Il devait montrer par la suite que son passage sur l'*Heureux* n'avait été qu'un petit accident de parcours.

On me proposa une place de second sur l'*Arnaud-Legasse.* Je commençais cependant à en avoir sérieusement assez d'être ballotté au gré des circonstances et je me mordais de plus en plus les doigts d'avoir quitté la maison Huret et les Pêcheries de Bordeaux-Bassens. J'ai navigué deux années sur l'*Arnaud,* comme second, avec deux capitaines différents. J'avais retrouvé Fécamp cinq ans après l'avoir quitté et l'*Arnaud* était un bon bateau. En pêche, nous n'étions pas des foudres de guerre mais nous nous situions dans la bonne moyenne. Avec mon dernier capitaine, Jean Ronarc'h, dur au travail mais qui payait beaucoup de sa personne, nous avons terminé par une campagne au Groenland qu'il connaissait bien.

En arrivant sur place, légèrement au nord de la latitude d'Holsteinsborg, je me trouvais de quart aux environs de

14 heures quand j'ai aperçu une épaisse fumée à l'horizon. A ma connaissance, il n'y avait plus de navires charbonniers et cela m'a inquiété. Nous avons fait route cap au nord, dans sa direction. Au bout d'une demi-heure elle était plus dense et, à sa base, je pouvais distinguer des flammes : un bateau était en feu.

J'ai appelé le capitaine. Bientôt, nous avons pu distinguer dans les flammes la silhouette d'un voilier portugais. Le temps était magnifique, sans la moindre brise. Nous nous sommes approchés. Le navire était au mouillage. Des doris vides s'éloignaient doucement vers le nord, entraînés par le courant. A trois cents mètres de son bord nous n'apercevions pas âme qui vive. La passerelle était en feu ainsi que la machine. Deux autres voiliers au mouillage à deux ou trois milles au nord nous ont fait savoir qu'ils avaient recueilli tout l'équipage. Un grand fracas s'est fait entendre : le radar et la cheminée s'étaient écroulés dans les flammes. J'ai pris un relèvement de terre afin d'avoir la position précise du navire lorsqu'il serait devenu une épave. Notre présence était devenue inutile et nous avons continué notre route.

Ce voyage fut aussi marqué par une affaire de vol. Plusieurs hommes des postes de devant étaient venus se plaindre au capitaine qui m'en avait parlé. Quand nous avons quitté les bancs, le 10 décembre, tout le monde semblait avoir oublié cette histoire. Mais, la veille de notre arrivée à Fécamp, le capitaine m'avait fait part de son intention d'enquêter et de perquisitionner dans les postes.

— Vous prenez bâbord, moi tribord. Interdiction de sortir des postes.

Les sacs étaient tous faits, prêts pour le débarquement. Chacun de nous s'était adjoint les services d'un chef de bordée. J'avançais, couchette par couchette. Chacune était défaite soigneusement tandis que les sacs étaient intégralement vidés et fouillés : rien à signaler sinon quelques pelotes de fil à chalut ou de fil de nylon et quelques épissoires. J'étais arrivé à la moitié du poste sans avoir trouvé le moindre argent ou le plus petit portefeuille. Un officier est alors venu m'annoncer que le coupable avait été découvert. J'abandonnai avec plaisir cette corvée qui consistait à visiter le linge sale de toute une campagne. C'était désagréable pour moi et humiliant pour tous les innocents.

Le coupable était un novice de dix-sept ans. Le capitaine avait découvert dans ses affaires une assez grosse somme d'argent et des dollars canadiens dont il ne pouvait justifier la provenance, car il en était à son premier voyage et nous n'avions pas fait escale au Canada.

C'est à la suite de ces deux années sur l'*Arnaud-Legasse* que j'ai passé mon brevet de capitaine de pêche. Mon diplôme en poche le 13 juillet 1968, il me fallait trouver un autre engagement et j'appris rapidement que l'on cherchait un capitaine porteur pouvant faire fonction de second sur le *Jutland* des Pêcheries de Bordeaux-Bassens.

Nous étions deux candidats à ce poste. Je crois que j'ai finalement emporté la décision grâce à l'appui d'André Dezeustre, P.-D.G. de l'armement. Je retrouvais avec grand plaisir Bordeaux et les Pêcheries après cinq ans d'infidélité.

Ma tournée dans les autres armements m'avait fait un bien énorme, car je savais maintenant qu'il s'agissait de la meilleure compagnie. J'avais aussi beaucoup appris au contact d'autres capitaines. De bonnes choses, mais aussi des comportements à ne pas imiter. C'était maintenant à moi d'en faire la synthèse.

Le père André — c'est ainsi que l'on appelait André Dezeustre, mais pas devant lui — nous convoqua dans son bureau, Adolphe Cuguen et moi, pour nous souhaiter une collaboration étroite et une grande réussite. Nous avons effectivement formé une bonne équipe. Adolphe était un grand pêcheur, nous sommes devenus de vrais copains et chacun payait de sa personne. Je n'ai jamais reçu de consigne. Adolphe me laissait toute latitude pendant mon quart, ce que j'appréciais beaucoup. Je pouvais prendre des risques et je savais que, si un jour je me cassais la gueule, il ne dirait rien, ne me jetterait pas la pierre. Son comportement me rappelait les conseils du capitaine du *Minerva* :

— Martin, si vous commandez un jour, n'engueulez jamais votre second. Sinon, il n'osera plus jamais prendre d'initiative.

Adolphe me confirmait cela à sa manière.

Nous étions en pêche dans le détroit de Belle-Isle et nous prenions tout ce que nous voulions. Nous avons été rejoints par la *Jeune-Française,* de Fécamp qui était commandée par le capitaine Jean Recher, l'homme qui m'avait poussé, un peu par défi, à aller jusqu'au bout. C'était un boute-en-train et un joyeux compagnon, aussi sur les bancs tout le monde lui souhaitait la bienvenue. Il m'a appelé à la VHF :

— Lionel, j'ai appris que tu étais reçu. Je tenais à te féliciter.

— Je vous remercie et aujourd'hui je peux dire que c'est grâce à vous.

La fin du voyage fut formidable. Nous avions remarquablement bien pêché et, pour un coup d'essai, Adolphe, grâce à son calme et à sa sérénité, avait réussi un coup de maître.

À Bordeaux, l'accueil fut enthousiaste. André Dezeustre m'avait totalement pardonné mon escapade. Et, pour la première fois, j'avais remarquablement bien gagné ma vie, ce qui était fort appréciable après une période de vaches maigres.

Je risque le paquet, on lance en avant

Pour le voyage sur le *Jutland,* Adolphe Cuguen avait assumé la fonction de patron de pêche en remplacement du titulaire, malade. Lorsque ce dernier a repris son poste, Adolphe est repassé second. On n'avait plus besoin de moi sur ce bateau. J'ai embarqué comme second du capitaine Louis, sur le *Finlande.* Je restais donc dans le même armement et je retrouvais le bateau sur lequel j'avais navigué comme mousse.

Nous avons quitté Bordeaux le 10 février et pêché essentiellement sur le Bonnet-Flamand. Grosse houle, mauvais temps, cela n'a pas été facile, mais le poisson était là. Pour la première fois de ma vie, j'ai vu pêcher une tortue de mer à Terre-Neuve. Nous avons ensuite effectué un petit tour dans le Saint-Laurent où la pêche fut moyenne. Nous recevions en revanche d'excellentes nouvelles du Groenland.

Cap sur le Groenland !

Il faisait nuit au sortir du détroit de Belle-Isle. C'est à ce moment-là que nous avons rencontré une banquise très épaisse qui s'est très vite transformée en pack. Nous étions complètement bloqués. Au bout de vingt-quatre heures, l'arrière du navire étant soulagé par les glaces, le bateau commençait à piquer du nez. Nous nous trouvions à quinze milles du feu de Belle-Isle. Avec Jacques, mon copain radio que j'avais retrouvé, nous commençions à nous dire qu'en restant là nous n'aurions que trente kilomètres à effectuer sur la glace pour rejoindre la terre à pied sec.

J'ai rarement connu une nuit aussi longue. La machine stoppée, le silence était impressionnant. Seuls les phoques que nous distinguions dans le halo du projecteur nous donnaient un véritable concert. Au jour, la machine fut lancée en avant, en arrière. Il n'y avait rien à faire. Bientôt les ancres ont touché la banquise.

J'ai consulté les instructions nautiques du livre de navigation. Ce que j'y ai trouvé n'était guère encourageant : on nous signalait fort aimablement que le principal danger venait de la pression des glaces subie par le bateau. On pouvait craindre un écrasement des parois ou même des tôles de fond qui pouvaient finir par se détacher. Mieux valait en rire.

Le brise-glace avait été appelé mais il ne pouvait se libérer immédiatement. Nous dérivions vers le sud avec le pack. La deuxième nuit fut aussi longue que la précédente. A cinq heures, le capitaine Louis qui avait peu dormi m'avait rejoint à l'arrière du navire. Nous regardions l'hélice, à moitié sortie de l'eau. Il me dit tout à coup :

— Tant pis, je risque le paquet. On lance en avant.

Je suis resté à l'arrière pour voir comment cela se passait. Dans un fracas assourdissant, l'hélice a projeté en l'air quelques morceaux de glace. Le bateau a avancé très lentement. Petit à petit, il a retrouvé son assiette, alors que l'arrière s'enfonçait à nouveau. Notre vitesse a atteint un nœud. Nous étions sauvés. Nous avons remis le cap à l'est, à la recherche des clairières. A quatre ou cinq nœuds, parfois moins, nous traversions des troupeaux de phoques. Nous nous trouvions au milieu de la baie Notre-Dame. A la fin de la journée nous avions enfin échappé au pack et sans tarder nous mettions le cap sur le Groenland.

Nous avons attaqué par les bancs du Sud. Les Allemands de l'Ouest étaient les rois de ce coin-là. Ils possédaient une flottille de trente bateaux-usines tandis que nous, Français, nous en avions quatre. Nous faisions vraiment figure d'enfants pauvres.

Le nombre de bateaux, la brume et les croches rendaient la pêche très dure. Comme Adolphe, Louis ne me disait jamais rien, me laissait agir rigoureusement à ma guise. Il avait reçu une excellente formation et parlait couramment anglais.

Après un voyage agréable, nous avons reçu l'ordre de livrer notre poisson à Rochefort. Un port que nous ne connaissions ni l'un ni l'autre et qui nous a valu la plus belle tranche de rigolade de notre vie.

Nous avons jeté l'ancre à l'entrée de la Charente. Nous ne pouvions rentrer que de jour et avec la pleine mer. C'était un dimanche matin de juillet et le temps était superbe. Le pilote est monté à dix heures et nous a conseillé de ne pas ralentir à cause des bancs de vase importants. De plus il devait prendre la barre pour les passages difficiles. La machine a donc été mise en avant toute et nous avons marché un bon onze nœuds.

Les rives de la Charente étaient enchanteresses. Les pêcheurs, nombreux sur chaque berge, nous faisaient une véritable haie d'honneur. Ils étaient venus en groupe ou avaient amené leur famille. Sur l'herbe verte, sous les saules, étaient étendues des nappes multicolores; quelques paniers de pique-nique commençaient à s'y vider.

Mais à la vitesse où nous allions, une bonne vague se détachait de l'étrave du *Finlande.* Au départ, cette vague qui venait briser la monotonie de l'eau de la Charente était belle et sympathique, mais elle prenait de la hauteur et s'en allait impitoyablement battre les berges. La panique était d'autant plus indescriptible que la première vague surprenait tout le monde par sa soudaineté et sa violence. Je reverrai toujours ce brave pêcheur, endormi sur sa chaise pliante, le chapeau sur les yeux, qui prit un bain forcé. Il fallait voir comment les gens remontaient à toute vitesse paniers, couvertures, victuailles et bouteilles. D'autres, ravis du spectacle qu'offrait le passage de notre bateau, ce qui est rarissime sur la Charente, nous faisaient de grands signes au passage. Et ils réalisaient beaucoup trop tard qu'il était temps de déclencher le plan Orsec.

Un nouveau changement devait intervenir pour l'appareillage suivant. On me proposait de partir de nouveau avec Adolphe, toujours comme porteur, mais cette fois sur le *Zélande* qui avait été transformé : on avait ajouté au bateau un pont semi-couvert pour préserver le poisson du gel et abriter les hommes de l'eau et du froid. Nous repartions à nouveau avec une équipe du tonnerre. Comme chef mécanicien, je retrouvais Francis Diveu, un Cancalais, vieux camarade d'enfance et ami de toujours. Nous avions joué au foot ensemble. Jeunes gens, nous sortions tous les deux. Le radio, Gilbert Oré, était de notre âge. Je me faisais une joie à l'idée de partir avec eux.

Nous avons quitté Bordeaux le 4 août 1969 en direction du Groenland et tout se passa conformément à nos prévisions. Il serait insuffisant de dire qu'il y eut de l'ambiance : ce fut plutôt du sport ! Nous étions tous les quatre des acharnés de football et Gilbert, Bordelais, était seul face à trois supporters acharnés du stade rennais.

La pêche était moyenne au Groenland. Nous avons rallié Terre-Neuve où les choses n'étaient pas meilleures. Le 8 octobre, Gilbert est venu m'annoncer la naissance de mon deuxième fils. Dix jours plus tard, c'était au tour d'Adolphe de recevoir la même nouvelle. Tout cela fut dignement fêté.

Nous savions par les Allemands que la pêche était excellente en Norvège. Ce n'était pas la porte à côté puisqu'il fallait neuf jours, par beau temps, pour aller de Terre-Neuve à l'Ile aux Ours ; mais va pour la Norvège ! Au bout de trois jours de route, par temps très dur, un garçon eut une crise d'appendicite. Sa température montait. Nous réussissions à la stabiliser avec de la glace et des antibiotiques à haute dose, mais il fallait l'hospitaliser d'urgence. Nous avons changé de route et mis le cap sur Tromso, la capitale du Nord pour les Norvégiens. Nous avons roulé bord sur bord pendant neuf jours. Nous sommes arrivés de nuit à Tromso et avons conduit notre malade à l'hôpital. Gilbert, qui parlait bien anglais, servait d'interprète.

Nous avons repris la direction de l'Ile aux Ours, côté ouest. Des Français venaient d'arriver et confirmaient la présence du poisson. Le chalut fut mis à l'eau dans le sud-ouest et le premier trait nous a rapporté cinq pales de beau poisson. Il se situait à grande profondeur, dans des sondes de quatre à six cents mètres. Il fallait filer jusqu'à quinze cents mètres de câble pour y accéder. Autant dire qu'il y avait de l'amusement lorsque les bateaux se croisaient.

Autre inconvénient de l'endroit : le chalut ne remontait pas que des morues. Il était garni de « pains d'épice », une sorte d'éponge très lourde, souvent remplis de cailloux gros comme des ballons de basket. Ne serait-ce qu'à cause du poids, l'embarquement du chalut sur le pont posait de gros problèmes. Il fallait ensuite effectuer un tri fort pénible avant de manier la pelle pour rejeter tous les détritus à la mer, parfois plus de dix tonnes.

A cause de la nuit perpétuelle, le temps s'étirait interminablement. Seul imprévu, les épaves qui abondaient dans ces parages où les sous-marins allemands avaient causé de terribles ravages dans les convois anglais, lors de la dernière guerre. Grâce aux chalutiers anglais, nous connaissions avec précision la position de la plupart de ces épaves. Il restait à trouver le moyen de les éviter sans perdre trop de temps. Parfois, nous en découvrions qui n'avaient jamais été répertoriées. Lors de ce voyage, une épave fut repérée au sondeur et nous réussîmes à virer notre chalut en catastrophe.

Bordeaux nous vit rentrer dans la première quinzaine de décembre. Inutile de dire qu'Adolphe et moi avions hâte de connaître notre nouvelle progéniture. Le car attendait l'équipage sur le quai. Bien avant d'accoster, je scrutai le quai à la jumelle à la recherche de mon épouse. La route est tellement cruelle. Nos enfants nous attendaient et nous allions passer avec eux les fêtes de fin d'année auxquelles les terre-neuvas sont si attachés.

Le départ suivant était fixé au 20 janvier. Nous avions dû arriver avec deux jours d'avance pour assurer la mise en ordre qui était suivie de la visite annuelle de l'inspecteur de la navigation. Nous avons rejoint le Saint-Laurent où le poisson abondait et les pontées se succédaient. Malheureusement la grippe est venue causer des ravages chez les hommes déjà fatigués mais grâce à des soins énergiques, ils se remirent rapidement.

Au bout de deux mois nous avions sept cents tonnes dans les cales et nous avons alors demandé à Bordeaux la possibilité d'effectuer un troisième voyage. On nous le refusa sans explication, ce qui révolta beaucoup d'entre nous.

Nous prîmes donc près de deux mois de congés avant de rejoindre la mer de Barents, début août. Bonne pêche, là encore, avant le retour à Bordeaux, le 13 décembre. En partant, le 20 janvier 1971, nous avions la promesse que nous ferions trois voyages si la pêche était bonne. Le poisson était au rendez-vous du Saint-Laurent, les bonnes semaines se succédaient. Décidément, nous avions le vent en poupe ! Nourriture copieuse, ambiance excellente, jamais on n'avait vu pêcheurs aussi heureux. Nous étions à Bordeaux le 3 avril pour reprendre la mer le 18 mai, mais pour le colin dans la mer de Barents.

C'était un produit intéressant pour les navires-usines qui congèlent directement le poisson. Pour nous, chalutier classique, il ne nous était acheté une fois salé que comme « faux poisson » et à un prix dérisoire. Seule comptait la morue, notre bonne morue, et nous commencions déjà à regretter ce troisième voyage que nous avions réclamé. Nous la cherchions quand même mais cela se révélait difficile car il y avait peu de chalutiers saleurs dans les parages. Nous trouvâmes finalement notre bonheur sur la côte Mourmane mais cela ne dura pas plus de trois semaines. Les chalutiers-usines nous rejoignirent et le poisson de nouveau manqua. Ils nous ont alors abandonnés à la recherche de nouvelles concentrations.

Enfin, sur le banc de Skolpen, le poisson fut abondant et nous dûmes mettre à la cholle. Les usines revinrent de nouveau. Deux jours plus tard, les poissons s'étaient élevés des fonds trop remués par les chaluts. Nous n'avions plus rien à prendre tandis que les usines mettaient en place des filets pélagiques qui peuvent pêcher entre deux eaux. Nous étions incapables de mettre en œuvre ce système et nous n'avions plus qu'à être les témoins de leur pêche miraculeuse.

Jamais nous n'avions eu autant l'impression de pêcher avec des bateaux dépassés par les pêche-arrière. En tout cas, il ne nous restait plus qu'à reprendre nos bâtons de pèlerin. Nous n'avons presque rien retrouvé du côté de l'Ile aux Ours. Cahin-caha, le voyage fut tout de même sauvé.

Revenus à Bordeaux le 27 juillet, nous avons repris la mer le 7 septembre. L'armement venait de m'apprendre que je serais capitaine lors du voyage suivant, car il fallait qu'Adolphe suive un stage sur un navire-usine. En effet, la compagnie se préparait à exploiter cinq navires de ce type qu'elle avait mis en chantier. Outre le *Groenland,* ces bateaux s'appelleraient *Islande IV, Finlande III, Jutland III* et *Zélande II.*

La pêche se passait très bien en Norvège lorsqu'une nuit je fus pris de douleurs terribles au côté gauche, à hauteur du bassin. Je marchais courbé en deux. Je n'avais aucune température, mais la douleur restait vive malgré le repos. Finalement, je demandai à être hospitalisé. Le port le plus proche était Vardo, à l'extrême est de la Norvège. Mon médecin parlait un français très correct. Les analyses décelèrent une simple crise de colite. Maintenant je sais comment me soigner : quelques antispasmodiques et il n'y paraît plus.

Je suis resté dix jours dans cet hôpital moderne. Malgré la télévision, je trouvai le temps bien long. L'alimentation n'était faite que de laitages et de poissons. Je fis la connaissance de trois marins anglais, hospitalisés eux aussi. Je les trouvais très âgés; le plus jeune des trois avait soixante et un ans. Tous naviguaient encore comme simples matelots. A cet âge et si fatigués ! Je réalisai que la condition sociale des marins anglais était bien plus dure que la nôtre. Cela pouvait étonner de la part d'un peuple qui avait longtemps eu la première marine du monde.

Notre agent consulaire m'a fait embarquer sur un petit paquebot qui devait me débarquer à Honningsvag. C'était un bateau de croisière et je disposais d'une cabine superbe. Pour la première fois de ma vie, un whisky à la main, j'avais l'impression de faire du tourisme sur un navire. Après plusieurs escales — les côtes norvégiennes sont superbes —, j'ai retrouvé à Honningsvag un autre agent de notre société. Il m'a annoncé que j'allais prendre passage sur l'*Alex-Pleven.*

J'étais heureux de retrouver un bateau français. L'accueil fut chaleureux, tant de la part du capitaine Victor Horel, un Cancalais, que de celle du second, Yves Le Guern, que je connaissais depuis fort longtemps. Vingt-quatre heures plus tard, je retrouvais Adolphe et le *Zélande.* Avec le secours de quelques médicaments, je reprenais aussitôt mon travail. La pêche était belle et abondante. Nous approchions de la fin du voyage. Adolphe allait dire adieu aux classiques et me passer le relais.

Le soleil est levé pour tout le monde

Le père André m'avait confirmé dans mon commandement. Il est vrai que deux ans plus tôt j'avais reçu deux offres identiques dont l'une émanait d'un autre armement. Peu confiant dans l'avenir de cette autre compagnie, je n'avais pas voulu courir le risque de lâcher une nouvelle fois la proie pour l'ombre. J'avais donc décliné cette offre et j'en étais fort satisfait en prenant le commandement du *Zélande.*

Nous avions quitté Bordeaux le 11 janvier. L'équipage que j'avais connu était bien diminué car il avait fallu que des cadres passent sur le *Groenland* avec Adolphe. Mon ami Francis Diveu était du nombre.

C'est donc avec un équipage remanié que je prenais la mer. Sa constitution n'avait pas été des plus faciles. En effet, hormis quelques trancheurs fidèles au poste, matelots et ramendeurs fuyaient les classiques, pour embarquer sur un pêche-arrière où ils étaient assurés de doubler leur gain contre infiniment moins de misère. Il y avait alors, en 1972, huit bateaux de ce type en France.

Il n'est pas nécessaire d'être grand clerc pour comprendre que les meilleurs éléments, à part quelques inconditionnels, se dirigeaient tout naturellement vers ces nouveaux bateaux. Quand les voiliers avaient été abandonnés entre les deux guerres mondiales, peu de terre-neuvas, qu'ils soient officiers, capitaines, matelots ou dorissiers, ont su se reconvertir sur les chalutiers classiques. Ils avaient l'impression de renoncer à leur dignité de marin et d'homme libre, même si ce nouveau travail était moins dangereux et mieux payé.

Le passage du classique au pêche-arrière était infiniment moins brutal. Il n'empêche que l'on a vu des inconditionnels du classique. Il n'y avait pourtant rien à regretter dans cette page qui se tournait. Mais les hommes sont ainsi faits qu'ils répugnent au changement.

Pour recruter son équipage, il fallait en général sacrifier une quinzaine de jours sur ses congés. Ce n'était pas une mince affaire car souvent on trouvait porte close chez l'homme que l'on souhaitait embaucher, ou bien il avait déjà été engagé par quelqu'un d'autre. Nous comptions aussi sur l'aide de quelques agents recruteurs. Ceux-là étaient en général marchands de bottes et de cirés. Ils disaient aux gars :

— Je te trouve une place, mais tu achètes tes affaires chez moi.

Ce n'était peut-être pas un moyen idéal, mais certains d'entre eux connaissaient à la perfection le pedigree de chaque matelot, ses qualités et ses défauts, sa situation familiale, etc. Il est vrai que cette connaissance n'était pas difficile à acquérir : le recrutement se pratiquait essentiellement dans la région malouine et sur les bords de la Rance. Nous utilisions aussi leurs services dans la mesure où les écoles d'apprentissage maritime ne nous fournissaient pas assez de novices.

Pour trouver les gens chez eux, il n'y avait pas trente-six solutions ; il fallait arriver le matin de bonne heure, aux heures des repas, ou le soir. Il importait aussi d'attaquer le recrutement dans les premiers jours des congés de décembre car les hommes se trouvaient en fin de contrat. Nous avions parfois des accords verbaux mais il fallait les coucher sur papier. Du second au novice, le capitaine devait recruter tout son monde, exception faite de l'équipe machine, à la charge de l'armement ou du chef mécanicien. Ma femme m'accompagnait souvent dans mes expéditions. Nous étions trop privés l'un de l'autre, à longueur d'année, pour manquer ces voyages en commun.

Une grande partie de nos recrues venaient de la campagne, ils fuyaient ainsi une véritable misère en s'embarquant à la grande pêche. Bien souvent ils habitaient d'effroyables masures au sol de terre battue; ce qui ne les empêchait pas de nous offrir un verre que nous n'aurions pu refuser.

Un jour que j'allais recruter un trancheur, je trouvai une maison qui paraissait vide. Comme j'entrais, une femme sortit par-derrière, une morue à la main. Le poisson appartenait à l'armateur, mais en général nous fermions les yeux lorsque nous savions que les gars en débarquaient en petite quantité. Je me dirigeai donc vers le cellier où se trouvait la femme.

— Ah, si vous venez pour de la morue, il n'y en a plus! me dit-elle.

— Non, je vous remercie, je suis le capitaine du *Zélande* et je cherche votre mari.

Elle rougit fortement, tandis que je riais dans ma barbe. Je n'ai jamais su comment elle avait réussi à organiser son petit trafic. Il est quand même difficile de ramener dans des bagages individuels de quoi alimenter un petit commerce, même à l'intention des voisins immédiats.

Les contacts que j'eus, à l'occasion de ces périodes de recrutement, me firent côtoyer une misère que je ne soupçonnais pas.

En 1973, j'avais obtenu l'adresse d'un jeune matelot, pas très loin de Saint-Malo. Je me présentai vers 18 heures devant une très vieille maison avec deux portes de bois plein, à deux battants, de couleur verte. Il fallait marcher sur la pointe des pieds, de pierre en pierre, pour éviter l'eau et la boue. Je tapai du poing. Aucune réponse. Finalement, j'ai tourné la poignée et j'ai crié :

— Y'a quelqu'un ?

Une voix fluette et pas très jeune, me semblait-il, m'a demandé d'entrer. La seule clarté de la pièce venait de quelques bûches qui brûlaient au fond de la pièce. Une table, quelques chaises et un lit dans un coin. C'est de là que venait la voix.

— Qu'est-ce que vous voulez ?

— Est-ce ici qu'habite monsieur Barran ?

— C'est ici, mais il n'est pas là. Il ne va pas tarder. Qui êtes-vous ?

—Je suis le capitaine du *Zélande*. Est-il engagé ?

— Je crois que non.

Petit à petit, j'arrivais à m'habituer à la pénombre. La femme devait être très âgée. Dans la pièce régnait une odeur désagréable que je n'arrivais pas à identifier. Je reculai et m'appuyai contre une cloison de bois recouverte de bambou.

Soudain, je sentis un souffle chaud sur mes mains, un souffle suivi d'un grognement. Je fis un bond en avant.

— C'est rien, me dit la vieille. C'est l'cochon !

Une autre fois, du côté de Dinan, j'allais pour engager un novice. Avec une sorte de curiosité dans les yeux, des gens m'ont indiqué la maison. J'ai trouvé une bâtisse qui n'avait plus que quelques carreaux aux fenêtres. Au moindre coup de vent, des rideaux qui semblaient avoir perdu leur blancheur depuis une éternité sortaient par les trous.

Croyant m'être trompé, je m'apprêtais à faire demi-tour

quand j'ai vu une petite fille d'environ six ans et un garçon un peu plus jeune. Ils se tenaient auprès de moi en silence. La petite fille serrait dans ses bras une bouteille de vin rouge. Je lui ai demandé comment elle s'appelait. J'étais à la bonne adresse.

Les deux gosses étaient en haillons. Je me suis dit qu'en engageant le novice, je le tirerais au moins de la misère. La maison était à l'image des gamins, d'une saleté indescriptible. La mère, manifestement une ivrognesse, se tenait assise sur une chaise, prostrée, les yeux dans le vague. Ce tableau était à peine supportable.

J'ai engagé le gosse. Il n'avait pas d'argent pour faire son sac. Normalement, l'armement ne rembourse ces frais-là qu'après l'engagement. Je n'en ai rien dit à la mère car il y avait peu de chances pour que l'argent serve au sac. Je me suis renseigné sur ce que faisait le père. Il naviguait au commerce et devait donc gagner correctement sa vie.

Écœuré j'ai finalement appelé une assistante sociale que je connaissais. Ce n'était pas son secteur mais elle m'a promis de saisir l'assistante concernée. Quant au gosse, j'ai fait moi-même son sac, j'ai avancé l'argent et je l'ai emmené à Bordeaux où l'armement m'a remboursé. Au retour de campagne j'ai appris que les enfants avaient été retirés à leur mère, ce qui me bouleversa, car je me sentais responsable.

Un soir, je devais me rendre chez un certain monsieur Huyaux pour engager l'un de ses fils. Sur les trois frères âgés de dix-huit à seize ans, tous célibataires, un seul m'intéressait, le ramendeur. Je frappai donc à leur porte, vers 20 heures, en pleine campagne du côté de Plerguer. La porte s'ouvrit brutalement. La lumière s'alluma et je me trouvai dans un couloir. Je sentis quelque chose de dur entre mes épaules.

— Levez les bras, ne faites pas un geste !

Je laissai tomber ma serviette et levai les bras.

— Qui êtes-vous ?

— Je suis le capitaine du *Jutland.* Je viens engager Marcel Huyaux.

— Qu'est-ce qui me le prouve ? Avancez et entrez à droite.

Je me trouvai dans une cuisine et la même voix me donna l'ordre de m'asseoir. Ma serviette atterrit sur la table. Sur ma gauche, je pouvais apercevoir mon interlocuteur, un grand gaillard moustachu d'une cinquantaine d'années. Il avait un fusil de chasse à la main.

— Ouvrez votre serviette. Prouvez-moi que vous êtes bien le capitaine du *Jutland.*

L'arme ne s'est abaissée que lorsque j'eus exhibé un paquet de contrats à l'en-tête des Pêcheries de Bordeaux-Bassens.

— Excusez-moi, mais à la campagne on ne sait jamais, me dit le père Huyaux le plus naturellement du monde.

J'avais encore le dos tout moite quand les bouteilles arrivèrent sur la table.

— Les gars ne vont pas tarder à arriver.

— Mais c'est seulement Marcel que je voudrais engager.

— Écoutez, vous engagez nos trois gars ou personne. Ils ont l'habitude de naviguer ensemble.

J'ai sorti ma liste d'équipage. Cela pouvait à la rigueur coller. Un ramendeur, l'autre matelot et le dernier novice. Les trois frères rentrèrent peu après et l'affaire fut immédiatement conclue. Véritable patriarche, le père Huyaux m'invita le dimanche suivant à voir son étang et ses truites, à la grande joie de mes fils.

Ma dernière année sur le *Zélande,* c'était en 1973, j'ai également recruté deux novices. Ils venaient d'un centre de réadaptation — on disait plutôt maison de redressement — de Saint-Méloir-des-Ondes, près de Saint-Malo. L'assistante sociale, mademoiselle Dervaux, m'avait supplié de les prendre en me disant qu'ils méritaient leur chance.

J'ai finalement accepté lorsqu'elle m'a expliqué que la plupart de ces enfants étaient issus de couples divorcés. Je connaissais leurs problèmes car j'étais également passé par là. L'argent de leur paquetage fut donc avancé par l'armement et je les ai embarqués après avoir recommandé à tous de les surveiller de très près. Aux gamins, j'ai expliqué que, fils de divorcés comme eux, j'avais commencé comme novice et qu'ils n'avaient aucun complexe à avoir.

— Le soleil est levé pour tout le monde, leur ai-je dit. Si vous bossez bien, l'an prochain vous serez matelot léger à une part, dans trois ans matelot à une part vingt-cinq. Ensuite, rien ne vous empêchera de passer un brevet de lieutenant de pêche.

Je ne sais si ces propos les avaient marqués. En tout cas, la campagne s'est fort bien passée. Je n'ai eu qu'une alerte : l'un des gamins disparut pendant la traversée. Nous le cherchions partout et au bout d'une demi-heure nous commencions à nous faire un mauvais sang terrible. Il pouvait très bien être tombé à la mer ou avoir décidé d'y faire le grand saut. Nous l'avons finalement retrouvé endormi dans un caisson, sur la passerelle supérieure. Il trouvait qu'il y avait trop de bruit dans le poste d'équipage et s'était réfugié là. Il suffit de lui expliquer que chez nous on ne pouvait pas se permettre de vivre en marginal, pour ne plus avoir de problème.

Les deux gamins ont passé toute l'année 1973 avec nous et nous ont donné entière satisfaction. Puis ils ont choisi de reprendre la vie de terrien. L'un est devenu carreleur, l'autre boulanger. J'espère simplement que sur le *Zélande* nous leur avons un peu appris à vivre.

Par la suite, il n'a plus été possible de reconduire ce genre d'expérience. Tous nos novices devaient obligatoirement avoir suivi les cours d'une école d'apprentissage maritime. Enfin, à partir de 1976, l'armement commença à faire le recrutement lui-même. Il était en effet grand temps d'abandonner un système qui datait de plusieurs siècles. Il avait peut-être de bons côtés dans la mesure où il permettait de traiter d'homme à homme, de se jauger. Les capitaines se trompaient rarement avec ces méthodes. Mais il est vrai aussi que le téléphone des marchands d'hommes avait provoqué quelques abus.

Le voyage aux sept escales

Mais revenons-en à mon premier voyage comme capitaine sur le *Zélande* en 1972. Nous ne faisions pas route depuis bien longtemps quand le chef mécanicien est venu me faire part de son inquiétude. Nous perdions beaucoup d'huile. Averti, l'armement nous a donné l'ordre de faire demi-tour immédiatement. Nous avons retrouvé Bordeaux un dimanche matin où une équipe de techniciens nous attendait.

J'avais demandé à l'équipage de ne pas s'éloigner. Il n'était pas question, bien sûr, de les empêcher de se disperser dans les boîtes des environs. Mais, après réparation, il manquait cinq hommes. Coup de cafard ? Refus de partir avec un nouveau capitaine pour une campagne qui commençait si mal ? Ils avaient pris un taxi et mis le cap sur la Bretagne. Bien sûr, l'armement fit un rapport sur cette désertion ; mais cela ne nous rendait pas nos cinq hommes. C'était un très lourd handicap et de bien mauvais augure !

Quand le pilote de la Gironde nous a quittés à la bouée numéro sept, une violente tempête d'ouest régnait sur le golfe de Gascogne. Nous sommes sortis tant bien que mal de l'estuaire. La météo était extrêmement mauvaise et nous avions chaque jour des vents debout de force huit à dix. Le 23 janvier, nous avons subi la tempête la plus violente que j'ai jamais rencontrée. Nous étions en plein centre de la dépression. Le baromètre enregistreur était descendu très vite et si bas que le stylo touchait le tambour. La mer avait des creux de quinze à vingt mètres. De la passerelle, nous ne pouvions voir qu'une seule lame. Il était impossible de regarder au-delà de ce mur liquide. La crête de la vague atteignait la hune. Quant au vent, dans les moments les plus forts, il atteignait cent nœuds, soit cent quatre-vingts kilomètres à l'heure. La météo ne s'était pas trompée.

Nous avions bien sûr pris toutes les précautions qui s'imposaient. Tout le matériel avait été solidement saisi. Une filière avait été installée pour permettre de passer de l'avant à l'arrière. Quand le temps s'était vraiment gâté, j'avais envoyé le dernier homme de quart vers les postes avant, avec l'ordre d'interdire la traversée du pont. Je lui avais aussi confié les clés de la cambuse pour que la nourriture soit accessible pendant la tempête.

La mer fut d'une violence inouïe. Les chefs de bordée avaient pris la barre. Il était hors de question de faire une simple embardée de dix degrés sans faire courir un risque majeur aux hommes et au navire. La tempête dura douze heures interminables. Heureusement, la machine tournait comme une montre. La moindre panne de moteur et c'eût été la catastrophe.

Lorsque la tempête s'apaisa la mer restait de force dix à onze, tandis que les vents oscillaient autour de soixante-dix nœuds. Yves Hulaud, mon second, avait beaucoup de métier. Il faisait toujours preuve d'un calme imperturbable et d'un sérieux extrême. Quant au premier lieutenant, il approchait la cinquantaine et avait une grande expérience de la mer. J'étais également bien entouré, tant du côté machine que du côté radio où Gilbert était resté fidèle au poste en attendant de partir un jour, lui aussi, sur un bateau-usine de la compagnie.

Le temps fut si mauvais que nous avons mis quatorze jours pour rallier Terre-Neuve. En temps normal nous en mettions sept. A Saint-Jean, je devais récupérer un « baadériste », l'homme chargé de l'entretien et des réparations d'une machine à trancher qu'on venait de nous installer sur le bateau. La fonction de baadériste a été inventée à partir de la marque Baader, société allemande qui fut leader des machines à trancher le poisson avant de rester quasiment seule sur le marché. Ces machines sont fort complexes d'autant qu'à la partie mécanique a été ajouté un système électronique.

Une machine tombant en panne peut paralyser l'usine du bateau. Elle doit donc être réparée dans les meilleurs délais. C'est facile à comprendre quand on sait que le bateau doit produire plus de dix millions de centimes par jour pour être rentable. Quand les premières machines ont été introduites, des marins ont effectué des stages en Allemagne puis ont transmis leur savoir à leurs successeurs. C'est ainsi que le baadériste est devenu un spécialiste apprécié et recherché par les armements : de lui dépend la bonne santé de machines qui valent cent soixante millions de centimes et débitent cent vingt filets de cabillaud à la minute.

Nous avons donc effectué notre première escale à Saint-Jean de Terre-Neuve pour prendre ce nouveau technicien, puis nous avons mis le cap sur le Saint-Laurent. Cette année-là, la banquise était très précoce. Les nouvelles reçues alors nous indiquaient que les bateaux, après avoir bien pêché, étaient pris dans les glaces et incapables de s'échapper.

Nous avons mis le cap vers Port-aux-Basques et notre premier coup de chalut fut jeté à vingt milles dans le Sud-Est, sans résultat. Le *Shamrock* se trouvait dans les parages. Nous avons décidé de faire route ensemble vers la baie de Scatarie. Le premier trait nous a rapporté cinq ou six pales. Nous avons ensuite réussi deux traits de quinze pales. Nous étions obligés de stopper pour traiter notre poisson, mais bientôt les bateaux du Nord arrivèrent à se dégager et se ruèrent à la curée. En deux jours il n'y avait plus rien! Il fallut repartir à la recherche de nouvelles concentrations. La glace se rapprochait et la pêche était très moyenne.

Un jour, après avoir fait un peu de route pour chercher la détection, nous venions de filer le chalut. Pour pouvoir traîner dans la glace, nous avions installé une grosse poulie en acier à l'arrière du navire. Elle nous permettait de placer les câbles du chalut dans notre sillage et de travailler ainsi dans la banquise. La vérine, croc très recourbé fixé au bout d'un fil d'acier, était bossée sur un point fixe, prête à être larguée. A la suite de cette manœuvre, j'entendis un hurlement. Le maître d'équipage gisait sur le côté dans une mare de sang. En larguant la bosse, Ernest avait eu les jambes fouettées par la vérine. L'une était brisée, l'autre était abîmée. Quand le brancard est arrivé, je lui avais déjà coupé la botte et le pantalon. Le chalut remonté, nous avons mis le cap sur Saint-Pierre. Nous partions pour la deuxième de nos sept escales.

Après ce coup malheureux, la pêche a repris ses droits. Malgré la banquise nous avons réussi à entrer dans le golfe du Saint-Laurent. La pêche y était moyenne. Un jour, nous nous sommes retrouvés avec un câble sur un morceau de glace impossible à dégager. Finalement, pour m'être entêté, les deux câbles du chalut se sont retrouvés sur la glace. Nous avons essayé de virer le chalut mais en vain. Bientôt arrivèrent les panneaux, chevauchant la glace, puis les bras du chalut. Enfin, tout glissa le long du bord.

Nous assurions la planche. Un matelot a voulu donner du mou dans le câble quand ce dernier, qui avait subi de mauvaises torsions, s'est entortillé comme un serpent autour de l'avant-bras qui l'avait touché. L'homme hurlait, terrorisé et fou de douleur : son avant-bras était complètement écrasé. Nous avons dû retrouver Saint-Pierre pour une troisième escale.

Retour dans le golfe du Saint-Laurent malgré la banquise. Cette fois, la pêche était bonne. Mais les choses étaient si mal parties qu'à chaque instant je m'attendais à une nouvelle catastrophe. Elle se présenta sous la forme d'une appendicite aiguë chez un matelot. Corner Brook était pris par les glaces. Le vent du sud-est rendait impossible l'entrée de Port-aux-Basques. Quatrième escale à Saint-Pierre.

J'accostai à La Frigo où notre malade fut immédiatement conduit à l'hôpital pour être opéré. Nous venions de repartir. Un matelot lovait les amarres. Il tomba du gaillard dans le fond du magasin, ce qui représente une chute de sept à huit mètres. Il gisait au fond en gémissant. Quand nous l'avons remonté dans une couverture il avait perdu connaissance. Nous avons rappelé l'ambulance par VHF. Elle revint chercher Dupuis et le mit en observation pendant plusieurs jours. Si incroyable que cela puisse paraître, il s'en est tiré sans une égratignure.

Il était impossible de retourner dans le golfe du Saint-Laurent à nouveau pris par la banquise. Il ne restait que quatre ou cinq bateaux dans les parages, les autres avaient rallié le Labrador. Hormis deux jours de bonne pêche dans le chenal du Flétan, ce ne fut pas gras. Arriva le jour de l'escale de ravitaillement, à Saint-Pierre. Le *Magdalena* y était déjà, et un compagnon de notre armement, le *Jutland*, nous rejoignit bientôt. Son capitaine, le malouin Jean Loyer, qui fut le seul à tendre la main au débutant que j'étais, était beaucoup plus riche que nous en poisson. Celui-ci a fait beaucoup pour l'armement : nombreux sont les seconds et les lieutenants qu'il a fait débuter. Il a terminé sa carrière en 1977 comme capitaine du dernier usine de la société, le *Zélande* flambant neuf.

La bonne humeur naturelle qui règne à Saint-Pierre et la gentillesse de mes collègues m'ont fait à peu près oublier mes déboires. Pour eux, il était hors de question d'aller chercher fortune dans l'Est. Nous allions essayer de retourner dans le golfe. Au sud de Port-aux-Basques, nous avons rencontré une banquise de plus en plus épaisse.

Le *Magdalena* ouvrait la marche en notre compagnie quand il fut stoppé brusquement, l'hélice en « chou-fleur » : elle avait été complètement tordue par la banquise. Le *Magdalena* dut nous quitter et partir, à vitesse réduite, vers Marystown. Du coup, le *Jutland* abandonna tandis que je décidai de persister, bien décidé à réussir un gros coup pour rattraper notre handicap.

La glace était épaisse. Parfois nous trouvions une clairière, avec de la détection, mais elle n'était jamais assez grande pour nous permettre, à nous chalutier classique, de filer notre chalut. En inspectant l'étrave, le second constata que quelques soudures avaient sauté à tribord. Je me suis alors décidé à faire demi-tour, mais il nous fallait franchir à nouveau toute cette glace. Bientôt, une tôle se leva et se déchira petit à petit. Nous marchions le plus lentement possible, mais, à bâbord, la tôle se déchirait vers l'extérieur et, à chaque passage un peu difficile, nous avions l'impression d'assister à l'ouverture d'une gigantesque boîte de sardines. J'étais descendu avec le chef mécanicien dans le peak avant[1]. L'eau s'y engouffrait avec force, mais la cloison étanche tenait bon.

1. Volume inutilisé, à l'avant du bateau, à côté du puits à chaînes. Il peut éventuellement servir à lester et équilibrer le navire.

Au bout de vingt-quatre heures nous étions dégagés de la glace, mais les plaies étaient sérieuses. Comme Marystown était encombré par les bateaux endommagés, nous nous sommes dirigés, après quelques contacts téléphoniques, vers le petit chantier de Saint-Pierre. Il devait suffire de mettre le bateau le plus possible sur le cul en larguant les ancres, les chaînes et tout ce qui pouvait alourdir l'avant.

Hélas, une fois toutes nos acrobaties navales effectuées, l'avant du bateau remonté au maximum, il nous manquait trente centimètres pour atteindre la base des brèches. Il fallait se résoudre à rejoindre Marystown, au fond d'un fjord au sud de Terre-Neuve.

Le *Magdalena* y était toujours à quai, attendant son tour de passer en cale sèche, la table d'opération des bateaux. Nous accostâmes à notre tour et Adolphe Prenveille, patron du *Magdalena,* vint nous rejoindre. Il connaissait pas mal de choses sur ce chantier, et notamment son directeur.

— Donne une caisse de champagne au directeur, me conseilla-t-il, et tu passeras avant le canadien.

Il y avait en effet un cargo canadien devant nous dans la file d'attente. J'ai suivi son conseil et nous sommes entrés en cale sèche immédiatement derrière le *Magdalena.* La cale se composait de huit ascenseurs, quatre de chaque côté, pour soulever le bateau. L'opération fut difficile car jamais un bateau de la taille du *Zélande* n'y était entré. De plus, il n'y avait pas beaucoup d'eau et il fallait tourner à angle droit.

Nous étions échoués par l'arrière et avions des amarres du quai au guindeau. Les câbles du treuil étaient maillés à quai et la machine en avant toute. L'hélice projetait des galets. Le spectacle était poignant. Devant, nous ne disposions que de cent mètres et j'avais peur de ne pouvoir stopper le bateau sur cette longueur quand il partirait en avant.

Vire au guindeau ! Vire au treuil ! Tout se raidissait. Stop la machine ! Puis en avant d'un seul coup. Le bateau a bougé. Stop la machine ! Nous avions pivoté sur quatre-vingt-dix degrés en passant à quelques mètres d'une grue flottante. Nous étions à quai. J'étais en sueur.

Les Canadiens ont calculé notre déplacement, notre tonnage, puis nous sommes entrés dans la forme. Les ascenseurs n'ont pas réussi à nous monter complètement, mais assez cependant pour dégager les brèches de l'eau. Les hommes du chantier ont travaillé jour et nuit, malgré des froids de moins quinze à moins vingt degrés.

Nos plaies cicatrisées, nous avons pris la direction du Groenland où nos camarades nous avaient précédés. Marystown devait être notre septième et dernière escale. Nous sommes passés au sud du cap Race et avons pris la route du Nord. Quatre jours plus tard, nous étions en pêche et nous avons réussi à sauver la campagne malgré des conditions difficiles et des avaries fréquentes.

Nous retrouvâmes le quai de Bordeaux le 9 juin. J'étais exténué après une telle campagne mais je pouvais m'estimer heureux d'avoir été très bien secondé.

Ce voyage m'a toujours servi de référence. Maintenant, à chaque fois qu'il m'arrive un coup dur, je me dis : « Ça ne peut pas être pire qu'en 1972 ». De fait, cela n'a jamais été pire, mais je touche du bois !

Oublier ?

Quand nous avons repris la mer, le 7 août suivant, trois classiques, le *Marion-de-Procès,* le *Magdalena* et le *Zélande* faisaient route sur le Groenland, tous trois de Bordeaux. En banquant, nous avons rapidement constaté que, s'il y avait peu de détection, les poissons étaient très gros. Ceci compensait cela et nous autres Bordelais nous étions fait une spécialité des bons et gros poissons, avantageux pour la vente et pour lesquels nous avions une clientèle attitrée. Toutes les nuits ou presque, nous réussissions de petits traits sur le banc du Saumon.

Un soir, alors que nous étions en pêche, des ligneurs danois sont venus pour la première fois tendre des filets de surface à travers nous : ils nous obligeaient à virer et nous empêchaient donc de travailler alors que nous étions les premiers occupants du lieu. J'ai viré mon chalut et je l'ai gardé à bord. J'ai ensuite mis en route et j'ai traversé leurs filets. Les Danois n'ont plus jamais recommencé.

La pêche n'était pas trop mauvaise. Nous avons simplement dû l'interrompre pour une brève escale à Holsteinsborg à cause d'un blessé. Mais Adolphe Prenveille était désespéré car ses coins habituels ne donnaient pas. Lui qui, dans le passé, avait tant pêché par là y perdait son latin.

Début novembre, nous étions dans l'obligation de souter et nous n'avions d'autre solution que d'aller très au sud de Holsteinsborg à Godthab ou à Faeringhaven. Il n'y avait pas d'autre possibilité pour faire le plein de gasoil mais le coin était rempli de cailloux et nous n'avions pas de pilote. Quand nous sommes rentrés dans le fjord conduisant à Faeringhaven, il neigeait. Nous étions aveuglés tandis que l'écran radar, tout blanc, était illisible.

Nous avons enfin réussi à accoster au quai à gas-oil. C'était plutôt un demi-quai car il ne dépassait pas les 30 mètres de long. Les amarres étaient fixées à des roches. La désolation du lieu était accentuée par un pêche-arrière allemand échoué sur des cailloux à cent mètres de nous ! Le plein terminé, il nous fallait aussi des vivres ; pour cela nous devions quitter ce cul-de-sac en marche arrière, par fort courant, et aller accoster à un quai en bois, lui-même encombré d'une foule de petits ligneurs des pays nordiques. D'avant en arrière, poussant l'un, bousculant un peu l'autre, nous avons accosté non sans mal.

Un Norvégien est monté à bord pendant l'escale. Il nous annonça que la pêche au saumon était excellente. Il avançait le chiffre de cinq mille tonnes pour la flottille ! Certains bateaux féringiens pêchaient la crevette qui était cuite et surgelée à bord. Tandis qu'on nous en offrait une caisse, j'étais loin de penser qu'un jour aussi je pratiquerais ce type de pêche.

Nous avons embarqué quelques fruits, des oranges et des pommes, et de la viande, puis nous avons largué les amarres. C'est avec soulagement que nous avons quitté ce port aux multiples dangers accentués par l'absence de pilote. Du nord au sud, nous n'avons plus trouvé trace de morue et le voyage s'est terminé médiocrement. Nous ne le savions pas encore, mais nous allions être les derniers Français à avoir pêché dans ces eaux d'août à décembre. Le voyage fut cependant rentabilisé grâce à une excellente vente.

Le 18 janvier 1973, nous avons repassé l'écluse des docks de Bordeaux à destination de Terre-Neuve. Cette fois, la traversée fut acceptable. Il faisait froid sur les bancs du Saint-Laurent mais nous avons trouvé moins de glace que l'année précédente. L'armement m'avait annoncé avant le départ que j'effectuais mon dernier voyage sur un classique. Je devais ensuite embarquer sur le *Groenland* pour seconder Adolphe. Notre pêche était moyenne, moins bonne en tout cas que celle des pêche-arrière qui manœuvraient beaucoup plus facilement.

J'ai alors décidé d'aller tenter ma chance au sud. Pendant trois semaines nous avons réalisé de belles pêches de gros poissons sur le banquereau. Yves, mon second, était un fin pêcheur et je pouvais dormir tranquille. Plus tard, nous avons fait route sur le Groenland dans des conditions difficiles, car la banquise avait commencé à envahir le Labrador et Terre-Neuve. Le cap Farewell nous a donné une position précise. Nous étions complètement seuls sur les bancs du Sud quand nous avons mis en pêche. Les détections n'étaient pas fameuses. La banquise s'étirait le long de la côte. Les icebergs abondaient. Il n'y avait pas un seul bateau en vue. Il est vrai que nous étions début avril.

Comme la pêche laissait à désirer, j'ai poussé plus au nord. Arrivé au 67e parallèle, un après-midi, nous avons aperçu une sorte d'embarcation sur l'eau. Nous avons fait cap sur elle. C'était une baleine morte, le ventre en l'air. Tout en pêchant, nous avons à nouveau mis cap au sud. Le premier bateau rencontré fut le *Colonel-Pleven.* Jean Jenouvrier, son capitaine, me dit que la pêche était bonne. La banquise était omniprésente. Nos captures augmentaient, nous assurant un voyage rentable, mais notre bouilleur d'eau douce ne produisait plus que deux tonnes d'eau par jour au lieu des huit prévues.

Cette panne allait m'obliger à faire escale. Saint-Jean était pris par les glaces. Il me restait Saint-Pierre, mais la banquise s'étalait tellement vers le sud qu'il me faudrait au moins trois jours pour m'y rendre et autant pour en revenir. La perte d'une nouvelle semaine était catastrophique. Il y avait avec nous la *Belle-Normandie* et la *Jeune-Française,* deux chalutiers de Fécamp. Je leur parlai de mon problème.

— Je peux te dépanner, Lionel, me dit Jean Recher, capitaine de la *Jeune-Française,* mais il faut trouver un moyen de te faire passer l'eau.

La houle nous interdisait tout accostage et nous avons donc décidé de tenter une expérience. La *Jeune-Française* nous a fait passer une remorque en fil d'acier et nous a tirés à la vitesse de deux nœuds. Dans un deuxième temps, nous avons fait coulisser le long de la remorque une manche à incendie soutenue tous les mètres par des maillons, par laquelle la *Jeune-Française* a refoulé son eau vers nos ballasts. Cette opération a duré toute la journée. Je crois bien qu'elle a été unique dans les annales des bancs. La *Jeune* ayant perdu sa journée, un accord fut conclu entre nos deux armements : elle serait dédommagée sur la base de la moyenne de pêche du jour effectuée par les bateaux français, ce qui fut estimé à sept tonnes.

Pour remercier Jean Recher, je l'ai accueilli royalement à mon bord avec les membres de son état-major. C'était bien la moindre des choses. Son intervention nous avait fait économiser trente-cinq tonnes, en calculant, sur les mêmes bases, le prix de l'escale, le mazout et le temps perdu pour la route. C'était donc une bonne opération. A cette occasion, j'ai vraiment appris à connaître Jean Recher. Jeannot était un joyeux luron qui cultivait l'humour et les bonnes blagues, trait de caractère qui fut un de nos nombreux points communs. Nous nous sommes quittés à 5 heures du matin en nous promettant de nous revoir à Cancale où il avait l'habitude de passer ses vacances.

Cette campagne s'est terminée sur un bilan très moyen pour tous les bateaux, tandis que je me préparais à tourner la page et à essayer d'oublier les chalutiers classiques sur lesquels j'avais navigué pendant vingt ans.

Oublier les nuits passées dans les parcs, avec du poisson jusqu'au ventre, par des températures infernales.

Oublier ces nuits passées à réparer le chalut dans les paquets de mer. La nourriture immonde de mes débuts, les centaines de mouettes qu'il avait fallu bouffer.

Oublier les souffrances physiques, nos pauvres mains gelées et pourries.

Oublier nos souffrances morales, l'absence de courrier, les mauvaises nouvelles qui nous laissaient complètement impuissants, les injures, les coups de pied au cul, la crasse et la puanteur.

Oublier ces nuits de veille quand j'étais second capitaine. Neuf années de nuits solitaires à la passerelle au milieu de soixante bateaux ou plus, dans la brume bien souvent. Nuits passées à surveiller tout en même temps le travail des hommes et la navigation, le cap du navire et la pêche, les codes, le virage et le filage du chalut, les manœuvres à la desperado, les abordages évités d'extrême justesse, la banquise, les icebergs, le décrochage du chalut.

Oublier tous ces hommes héritiers de traditions ancestrales qui avaient fait un choix dont ils savaient qu'il serait difficile et dangereux.

Oublier ceux qui embarquaient pour fuir une misère indicible ou apporter un peu d'argent frais dans une petite métairie. On parle beaucoup maintenant du quart monde des villes et des banlieues, mais on n'a jamais voulu connaître celui des campagnes, comme si le fait de posséder un jardin où poussent trois choux et deux carottes pouvait suffire à assurer une vie digne de ce nom. La terre est aussi cruelle que la ville et bien souvent venaient nous rejoindre les plus démunis de ses enfants.

Oublier tous ces gens dignes et nobles, durs au mal et durs au travail, discrets dans la peine et dans la joie. Je savais que ce ne serait pas possible, et qu'il en serait de même pour tous mes collègues.

La chance ne passe pas tous les jours

Sur un pêche-arrière, le chalut n'est plus remorqué sur le côté mais par l'arrière, la poupe étant ouverte par un pan incliné. Ce nouveau système, déjà en service depuis plusieurs années dans d'autres flottes, apporte des avantages considérables. Sur les engins de pêche, les risques d'erreurs de mesure du gréement deviennent minimes ou, du moins, elles apparaissent rapidement. Cela n'empêche pas le chalut, lorsque son rendement n'est pas suffisant, de garder tout son mystère.

Un autre avantage de ce bateau est d'être couplé avec une usine : le poisson n'est plus vidé dans des parcs, sur le pont, il glisse dans une trappe à l'arrière du navire, pour être aussitôt trié et calibré dans la cale. Le pont ne sert donc qu'à étendre et réparer le chalut, le poisson étant traité à l'intérieur du bateau, ce qui est un progrès considérable pour les hommes.

La morue est ensuite happée par les machines Baader pour arriver sous forme de filets dans des fours de congélation. Au passage, la peau et parfois les arêtes sont enlevées automatiquement. Les filets sont ensachés avant d'être surgelés à moins quarante, puis stockés à moins vingt-huit degrés.

Cette technique donne des produits d'une fraîcheur extrême, à condition, bien sûr, qu'ils soient surgelés en mer. En effet, il arrive aussi que le cabillaud soit étêté et vidé à bord, puis conservé à moins deux ou moins trois degrés dans la cale, avant d'être travaillé à terre au bout de plusieurs jours, parfois au bout de trois semaines. C'est ce produit moins frais qu'on trouve souvent sur les marchés français sous diverses étiquettes, essentiellement en provenance de pays anglo-saxons. Ces pays ont su se doter, à terre, d'une industrie très active pour le traitement des produits de la mer. Ils n'hésitent pas à acheter très cher nos marchandises et à nous revendre les leurs à des prix de dumping.

Mais avec le pêche-arrière et le bateau-usine, c'est la fin de la morue salée. En France, l'armement Pleven, de Saint-Malo, a été le premier à utiliser cette technique. Le *Colonel-*

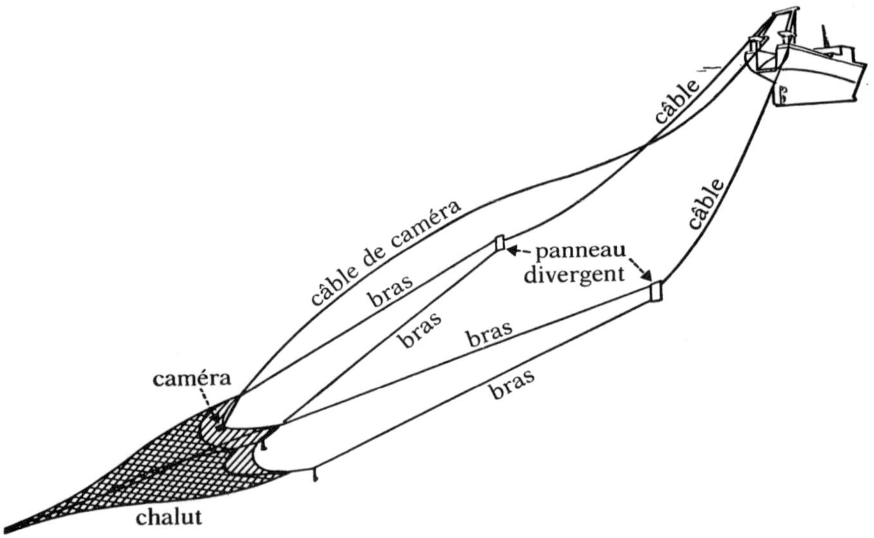

Pleven, en 1962, a constitué une véritable révolution. Il fut suivi, deux ans plus tard, par le *Pierre-Pleven*, puis par beaucoup d'autres.

La construction de quatre bateaux, à Viareggio en Italie, pour le compte des Pêcheries de Bordeaux-Bassens, fut le coup de maître du père Dezeustre. La commande fut passée quand la lire valait soixante-douze centimes, et neuf ans plus tard, les dernières traites étaient tirées à cinquante-deux centimes.

Vinrent ensuite d'autres chalutiers construits en Pologne; et un seul, le *Dauphin* de Fécamp, fut acheté aux Israéliens.

La flotte française faisait peau neuve mais le passage d'une trentaine de chalutiers classiques à quatorze bateaux-usines entraînait le licenciement de sept à huit cents marins. Cela n'a pas fait grand bruit : ils n'étaient ni sidérurgistes ni employés d'un chantier naval ou d'une papeterie. Ce n'étaient que des marins !

J'embarquai donc le 14 août 1973 sur le *Groenland*, en tant que capitaine porteur, avec mon ami Adolphe comme patron de pêche. Je remplissais les fonctions de second, mais que de changements dans le travail : j'avais d'abord un deuxième lieutenant qui effectuait le quart avec moi. C'était un gain énorme pour la sécurité du bateau car il est étonnant qu'il n'y ait pas eu davantage d'accidents autrefois sur les bancs de Terre-Neuve, la nuit, étant donné la multiplicité des tâches auxquelles le second, seul à la passerelle, devait faire face.

Les commandes du treuil se trouvaient à la passerelle d'où il n'était plus nécessaire de crier pour se faire entendre des hommes : il y avait des haut-parleurs sur le pont et dans l'usine. Des caméras vidéo installées dans l'usine nous permettaient de surveiller les hommes, mais surtout de voir l'état des parcs à poissons ou bien quelle chaîne était immobilisée.

Il fallait deux fois moins de temps pour virer le chalut. Les doris avaient été remplacés par des dinghies infiniment plus rapides. Les hommes couchaient à quatre par cabine au lieu d'être entassés à seize ou dix-sept par poste. Chose incroyable : il y avait même des draps dans les couchettes. Sur les classiques, l'eau douce étant trop rare, nous n'avions droit qu'aux couvertures.

Nous avions deux machines à laver à bord : une grande pour l'équipage et une plus petite pour les officiers. Les hommes étaient servis à table et avaient droit à des plats bien chauds alors que sur certains classiques il fallait traverser le pont avec les gamelles.

Enfin les hommes travaillaient à l'abri des embruns et du froid. L'usine était totalement abritée à l'intérieur du navire et des pompes permettaient d'obtenir un assèchement constant.

Néanmoins, tout n'était pas rose sur les bateaux-usines. Dès notre premier voyage, notre baadériste a perdu un doigt. Je lui ai donné les premiers soins avant de mettre le cap sur Hammerfest, au nord de la Norvège.

Après une bonne campagne de pêche, notre bateau n'a pas rallié notre port habituel, mais a livré ses filets congelés à Boulogne-sur-Mer, le premier port pour les produits alimentaires du froid. Depuis dix ans, Boulogne est devenu notre port de livraison.

Une nouvelle occupation est venue s'ajouter à nos congés : le cabotage. En effet, la livraison terminée, il faut ramener les bateaux à Bordeaux avec un équipage réduit; cela m'a permis de faire connaissance avec les nouveau-nés de la compagnie, l'*Islande* et le *Finlande,* puis d'attendre le *Jutland* dont la construction s'achevait à Viareggio.

Nous en avons pris livraison le 4 juillet 1974 pour le ramener à Bordeaux et terminer son armement. Le 25 juillet, nous l'emmenions faire sa première campagne en mer de Barents, toujours avec Adolphe comme patron de pêche et moi comme porteur. L'équipe était fort bonne et c'était une joie de partir sur un bateau flambant neuf.

Ce navire mesure quatre-vingt-sept mètres de long pour une largeur de treize mètres quarante. Sa jauge brute est de mille cinq cent quatre-vingt-dix-huit tonneaux, sa jauge nette de six cent soixante-cinq. Il possède deux moteurs de 2100 CV chacun et peut filer allégrement seize nœuds. Équipé d'une usine ultra-moderne et des plus récentes nouveautés en matière de navigation, c'est un superbe outil de travail.

La mise au point fut courte, la production vite bonne et nous rentrâmes à Boulogne le 11 octobre. Un mois plus tard, nous repartions sur la Norvège.

Lors de cette campagne un bateau de l'armement s'est retrouvé avec l'hélice prise dans son chalut. Il était paralysé. Nous avons dû le remorquer vers le Spitzberg, où l'attendait une équipe de plongeurs. La navigation était difficile : il fallait emprunter un fjord et notre carte était loin d'être aussi détaillée qu'il eût fallu. Finalement, tout s'est bien passé dans ce petit port mi-norvégien mi-soviétique, avec ses mines de charbon à ciel ouvert et ses mines de cuivre. Nous pouvions voir passer des wagonnets suspendus dans le vide. Pour nous, l'endroit avait quelque chose de fascinant, mais il n'était pas équipé pour recevoir des navires tels que les nôtres.

Nous sommes allés pêcher au nord du Spitzberg. La pêche eût été très bonne si nous n'avions trouvé de temps en temps dans le chalut quelques mines de la dernière guerre mondiale que nous nous empressions de larguer, au besoin en coupant le chalut.

Après une bonne escale à Hammerfest où Adolphe a fait embarquer un sapin de Noël, la pêche est devenue nulle. Nous avons alors mis le cap sur Terre-Neuve et voyagé dans le noir presque absolu jusqu'au sud du Groenland. Les dépressions se suivaient et nous ramassions coup de tabac sur coup de tabac. La nuit de Noël fut très dure, avec un roulis violent. Pour la plupart d'entre nous, cela n'a fait qu'aggraver le chagrin dû à la séparation; c'était en effet la première fois que nous n'étions pas chez nous au moment des fêtes.

Ce soir-là, en me couchant, j'eus une heureuse surprise : une boîte de chocolats était sous mon oreiller. Adolphe m'a expliqué que ma femme la lui avait remise au départ pour me faire la surprise à Noël. Pendant ce temps-là, la mer ne nous faisait pas de cadeaux, avec des vents constants de force sept à huit. Un malade à bord nous obligea à mettre le cap sur Saint-Pierre où nous arrivâmes le 31 décembre. Ce malade-là, nous l'avons béni car il nous a permis de passer la Saint-Sylvestre dans un petit coin de France.

A Saint-Pierre, les places de restaurant se faisaient rares mais nous en avons finalement trouvé quatre chez la mère Dutin. A notre grand étonnement, les huîtres canadiennes, en provenance de l'île du Prince-Édouard, étaient délicieuses. Plusieurs d'entre nous ont profité de ce passage à terre pour téléphoner à leur famille.

Le lendemain, nous avons mis le cap sur le Saint-Laurent, au sud de l'île d'Anticosti. Le froid et la banquise sont arrivés rapidement mais le poisson n'était pas au rendez-vous. Nous avons attendu une bonne quinzaine avant de retrouver des concentrations importantes, puis les bateaux commencèrent à arriver de France avec notre précieux courrier.

Pour le retour à Bordeaux, le 3 mars 1975, nous avions finalement une excellente pêche. Deux heures après notre arrivée j'étais convoqué dans le bureau directorial par André Dezeustre, notre P.-D.G., entouré de son fils Jacques et de Michel Peyrot, secrétaire général de l'armement.

— Voilà Lionel, Adolphe doit aller au cours de capitaine. Acceptez-vous de prendre le commandement du *Jutland* ?

— Je suis fatigué, j'aimerais bien me reposer un peu, lui répondis-je.

— Bon, je vous comprends, mais restez donc vingt-quatre heures de plus à Bordeaux. La nuit porte conseil. Vous reviendrez me trouver demain. Vous verrez ça après une bonne nuit de repos.

Je ne sais pas très bien ce qui m'avait poussé à lui répondre ainsi. Peut-être étais-je impressionné par l'importance de la proposition qu'il me faisait, par le commandement d'une superbe unité toute neuve. Le soir même, je dînai avec Michel Peyrot et je lui demandai ce qu'il en pensait.

— Tu sais, me dit-il, la chance ne passe pas tous les jours. Dis-toi bien que si tu refuses, un autre va accepter. La place sera prise et je doute fort qu'ensuite on t'offre un nouveau commandement.

Je suis reparti avec le *Jutland* le 3 mai 1975. J'étais le « maître à bord » avec comme second Claude Lemée, un gars sorti lui aussi du rang qui avait beaucoup d'expérience et fut un précieux compagnon. Après quelques jours, nous sommes entrés dans les fjords norvégiens. Le jour était permanent à cette époque de l'année et nous avions été obligés de demander l'assistance d'un pilote. Cela nous laissait tout loisir d'admirer le soleil de minuit et une nature merveilleuse. A chaque détour des fjords, un nouveau paysage nous sautait aux yeux et c'était à chaque fois un enchantement, avec toute une palette de blancs, de verts et de bruns, suivant l'alternance de la neige, des prairies et de la terre; des villages accrochaient leurs maisons paysannes aux pentes abruptes, lès routes dévalaient des rochers gigantesques, noirs, luisants et ronds comme des baleines.

Les pilotes ont débarqué à Honningsvag, au nord du pays. C'en était fini du tourisme.

Nous avions mis en pêche par beau temps. Le poisson abondait, l'ambiance était excellente. J'avais appris d'Adolphe une chose essentielle : le respect de l'homme, et je m'appliquais à le suivre dans cette voie. La politique du bâton était bel et bien terminée. Plus la pêche était bonne, plus les hommes étaient assurés de gagner d'argent. On ne pouvait rêver meilleur stimulant. Cela n'empêchait pas de travailler dur à bord du *Jutland*. Mais nous étions récompensés de nos efforts puisque nous rentrions chargés de produits élaborés : près de neuf cents tonnes de filets et deux cent trente tonnes de farine de poisson.

Avec ces bateaux-usines étaient nées deux nouvelles catégories de matelots : les caliers et les fariniers. Les premiers passent leur temps à arrimer les colis de surgelés dans les cales. Leur travail est pénible car il s'effectue par moins vingt degrés sur un sol glissant et consiste à manier des colis de vingt à trente kilos. Le chargement doit être parfait pour que rien ne bouge et pour qu'il prenne le moins de place possible. Cette dernière exigence est devenue capitale depuis une dizaine d'années, depuis que les Canadiens, qui contrôlent désormais rigoureusement nos pêches, ont pris l'habitude de cuber nos cales selon des formules bien à eux. Leurs calculs sont très exacts et la moindre place perdue équivaut à une perte sèche.

Les fariniers sont chargés de la fabrication de la farine de poisson à partir de tous les déchets stockés, broyés, cuits puis desséchés et réduits en farine. Pour juger de la valeur hygrométrique de cette farine, qui ne doit être ni trop sèche ni trop humide, on en projette un peu sur une pièce de métal tenue verticalement : si elle ne colle pas, elle est bonne. Elle est ensuite stockée dans des sacs de trente kilos et notre production est d'environ deux cents tonnes pour trois mois. Les fariniers sont les seuls matelots attachés à la production qui dépendent du chef mécanicien.

Naviguez avec prudence : parages méconnus...

La pêche paraissait à peu près immuable du temps des classiques : deux ou trois voyages par an, Terre-Neuve, le Groenland ou la Norvège; une campagne plus ou moins bonne selon le temps, la chance ou la valeur du capitaine. Avec les bateaux-usines, chaque année nous a apporté ses révolutions ou ses incertitudes. Tout d'un coup, le monde de la grande pêche s'est trouvé confronté à des tempêtes politiques ou économiques qui ont rendu l'exercice du métier encore plus aléatoire.

Cela a commencé en 1976. Nous étions partis de Bordeaux le 9 janvier pour le Canada. La notion de zone économique avait complètement bousculé l'ancestrale idée de zone territoriale. La limite des zones maritimes économiques avait été fixée à deux cents milles et les Canadiens venaient de prendre une conscience très aiguë de la richesse de leur plateau continental. Bien qu'ils soient peu pêcheurs, ils avaient décidé d'en assurer l'exploitation avec un soin jaloux. On regrettera seulement que la France n'ait pas eu la même attitude dans ses propres eaux.

Les Canadiens organisèrent donc un contrôle plus sévère.

Les licences de pêche devaient être obligatoirement à bord et chaque bateau devait accueillir un observateur canadien pendant toute la durée de la campagne. Pour nous, quelle transition ! Nous avions toujours été à la pêche où, quand et comme nous voulions. Est de Terre-Neuve, golfe du Saint-Laurent, Nouvelle-Écosse, Labrador, nous étions chez nous partout. Nous allions désormais devoir pêcher ce qu'on voudrait bien nous autoriser à prendre et là où on nous laisserait filer nos chaluts. Une époque était révolue.

Quand l'observateur est arrivé par l'intermédiaire du navire d'assistance, tout le monde l'a regardé comme une bête curieuse. Mais il était francophone et nous a rapidement conquis par son amabilité, sa jovialité et surtout, comme disent les Canadiens, ses talents de conteur. Nous étions fascinés par ses histoires ponctuées de vieux mots français et son inimitable accent.

L'amitié n'empêchait pas le travail. Trait par trait, toutes les prises devaient être comptabilisées avec précision sur un cahier de pêche. Un deuxième bloc de feuillets imprimés s'y ajoutait, totalisant les produits transformés de la journée.

Nous étions encore loin de ce qui devait arriver en 1983 : à partir de cette date, les Canadiens exigèrent d'avoir deux observateurs par bateau et de les relever impérativement toutes les trois semaines. Les garde-côtes effectuèrent des contrôles fréquents et inopinés afin de vérifier le cubage des cales. Le plein, le vide, tout y passa, et nous perdîmes souvent une douzaine d'heures à chaque contrôle.

Ma santé s'était altérée, j'eus de violents maux d'estomac mais les radiographies ne nous apprirent rien. Mes crises persistaient quand je repartis sur le *Jutland* pour la partie norvégienne de la mer de Barents. La zone soviétique nous était maintenant interdite car les Russes avaient adopté eux aussi la limite des deux cents milles assortie d'une interdiction pour nos bateaux-usines. Grâce à ces parages, nous réussissions toujours auparavant à équilibrer le bilan d'un bateau sur une année. C'était un coup terrible porté à la grande pêche française et nous n'allions pas tarder à en avoir la preuve.

Nous conservions cependant un petit espoir, car la France accordait des droits de pêche importants aux flottilles soviétiques sur le plateau continental de l'archipel des Kerguelen, dans l'hémisphère Sud. Ces droits portaient sur plusieurs dizaines de milliers de tonnes. Nous pensions naïvement qu'un petit échange de quotas serait possible. La suite des événements nous prouva le contraire sans qu'il nous soit possible de trouver une explication rationnelle à cet « oubli » de nos négociateurs.

La recherche de nouveaux territoires de pêche devenait une priorité absolue et c'est ainsi que, le 18 mars 1977, j'appareillais de Bordeaux pour aller jeter mes filets dans l'hémisphère Sud, sur la côte occidentale d'Afrique, au large de la Namibie, entre l'Afrique du Sud et l'Angola. Pour nous, c'était l'inconnu. Nous savions seulement que les Espagnols y pêchaient le merlu. Je n'avais obtenu que des informations très contradictoires sur la quantité et la qualité des prises. Quand, pour la première fois de notre vie, nous avons fait route au sud et franchi le cap Finisterre, nous avions le sentiment d'effectuer un grand saut dans l'inconnu.

A la latitude du Sahara espagnol, le *Jutland* a commencé à rencontrer des flottilles de chalutiers russes. Inconnue des terre-neuvas, la chaleur commençait à se faire sentir. Elle était d'autant plus oppressante que notre bateau, parfaitement équipé pour lutter contre le froid, ne disposait pas du moindre système de conditionnement d'air. Et pour cause, à Terre-Neuve ou au Groenland, on n'a jamais vu le thermomètre monter bien haut. J'ai donné des instructions pour que le travail commence plus tôt le matin, s'arrête au moment des fortes chaleurs et reprenne à la fraîche. En route, les hommes travaillaient donc de 7 à 10 heures et de 16 à 19 heures. Ils devaient préparer, pour le chalut et le gréement, un matériel très sophistiqué et tout nouveau pour eux.

Nous avons mis le cap sur la Guinée-Bissau. Quelques chalutiers italiens opéraient dans ces parages et nous transportions du matériel qui leur était destiné. Nous avons eu beaucoup de mal à les trouver et ce que je lisais sur ma carte n'était pas fait pour me rassurer : « Naviguez avec prudence. Parages méconnus et dangereux ». Nous les avons finalement rencontrés et la marchandise a été transférée par dinghy. Pour nous remercier les Italiens nous ont offert des caisses de soles, d'encornets, de gambas et des touques de vin.

Les sondeurs indiquaient de dix-sept à vingt mètres et il ne fallait pas chercher beaucoup pour apercevoir des brisants. Je n'aimais pas ce coin et je me suis senti rassuré lorsque nous avons retrouvé des profondeurs de cent mètres.

Nous avions deux sortes de chalut à bord : un semi-pélagique de soixante-huit mètres de large et un pélagique de cent neuf que nous devions poser sur le fond. Nous avions prévu de commencer la pêche avec le premier, moins important pour la manœuvre, mais il nous fallait encore franchir l'équateur et pendant plus d'une semaine nous avons cruellement souffert de la chaleur. Elle est devenue moins torride à hauteur de l'Angola. Bientôt est arrivé le jour de mettre en pêche.

Nous allions découvrir un nouveau métier. Le chalut a été filé dans des sondes de trois cent quatre-vingts mètres, avec un peu de détection. Au bout de trois heures, nous avons relevé trois tonnes de merlu, le colin des Parisiens. Mais une fois le poisson traité, il ne nous restait plus qu'une tonne de produits finis.

Il y avait toutes sortes de bateaux en pêche dans le secteur. Des espagnols, des portugais, des polonais, des allemands de l'Est et de l'Ouest et, bien sûr, les inévitables soviétiques. Nous en avions rencontré des soviétiques durant nos trois semaines de route ! Certainement de huit cents à mille, alors que nous autres Français ne disposions que d'une vingtaine de chalutiers de grande pêche.

Nous avons pris contact avec les espagnols et j'ai retrouvé trois vieux copains qui commandaient à Terre-Neuve. Je garde le souvenir d'une maudite bringue avec eux à Saint-Pierre, et celui de ce bon vieux capitaine Alfredo qui avait plus de sauce armoricaine sur sa chemise que dans son assiette et qui disait :

— Alfredo l'a bien mangé. Plus lui taché, plus lui a bien mangé.

C'étaient de bons amis et de grands marins. Avec eux, nous faisions des codes car, ici comme à Terre-Neuve, tout se passait ainsi. Ils exploitaient des bateaux magnifiques, les plus grands allaient jusqu'à cent vingt mètres de long et 5000 CV. Ils travaillaient ce secteur avec bonheur depuis une quinzaine d'années puisqu'ils avançaient des résultats financiers positifs. Ils étaient une quarantaine sur ces bancs, ce qui explique que la concurrence, même entre eux, était vive.

Pour nous, la pêche était très moyenne. J'ai alors décidé d'aller tenter ma chance plus bas, par 26° Sud, où se tenaient deux Allemands de l'Ouest. Nous les avons trouvés rapidement et ils m'ont signalé du poisson très petit mais abondant. Au netsonde, sorte de caméra sous-marine fixée à la gueule du chalut, nous pouvions en effet voir le poisson entrer. Le premier trait nous a donné d'excellents résultats, six à sept pales de merlus. Mais ils étaient trop petits, ne passaient pas dans les machines et il fallait les étêter, les équeuter et les vider à la main, comme à Terre-Neuve au temps des classiques. Ne changeaient que la taille, la nature du poisson et la température !

Les hommes devaient se mettre à quatre pattes pour trier. En fait, ce bateau n'était absolument pas équipé pour ce genre de pêche : en vingt-quatre heures, nous n'avons mis que dix tonnes de poissons en cale; le reste, altéré par la chaleur, dut être transformé en farine. Dans le même temps, les Allemands mettaient en cale vingt-cinq tonnes de produits finis.

Nous avons refait du Nord pour retrouver du poisson plus beau et utiliser notre usine. Parmi nos prises, il y avait beaucoup de lottes et d'encornets. Dans l'usine, la pagaille était complète, le matériel mal disposé, les machines inadaptées. Nous étions obligés de prévoir, ce qui n'arrangeait rien, dix-sept sortes de transformations différentes pour le seul merlu. Les résultats ne furent pas brillants mais traiter cinq cents tonnes dans des conditions aussi épouvantables relevait de l'exploit.

Les eaux de la Namibie et de l'Afrique du Sud sont extrêmement riches. Dans des sondes de deux cents mètres, il n'est pas rare d'observer des concentrations de poissons sur quatre-vingts mètres d'épaisseur : sardinelles, maquereaux et chinchards. En surface, la température de l'eau varie de dix-neuf à vingt et un degrés tandis qu'au fond elle est de quatre degrés.

Nous avons livré notre poisson à Rochefort le 14 juillet et le 9 août je repartais avec le *Jutland* pour les eaux familières de la mer de Barents. Mais la pêche s'y révélait de plus en plus difficile dans la zone norvégienne qui nous restait ouverte et qui était truffée de boxes, territoires interdits destinés à favoriser la préservation et le renouvellement des stocks. Le voyage ne fut brillant pour aucun de ceux qui se trouvaient dans les parages.

De retour à Boulogne le 16 novembre, j'ai repris la mer le 3 janvier 1978. Pour la première fois, l'observateur canadien était une femme. Canadienne anglaise, Margot pratiquait notre langue avec talent. La trentaine, bourreau de travail, elle tenait absolument à prouver qu'elle pouvait en faire autant que n'importe quel homme. Quelquefois, elle allait bien au-delà. Jamais elle n'aurait négligé de comptabiliser une tonne de poisson. Rien ne lui échappait. J'aurais dû la trouver très gênante mais j'étais plutôt admiratif : elle aimait son travail, le faisait bien et avec une grande gentillesse.

Très à l'aise parmi les hommes, je l'avais toujours cataloguée dans la catégorie des féministes militantes et, un jour, je lui ai fait une blague. Il devait être 8 heures du matin et Margot est venue me demander si je ne comptais pas virer le chalut.

— Non, non, pas maintenant.

— Bien, dans ce cas, je vais aller prendre une douche, me répondit-elle.

Elle logeait à l'infirmerie et, de ce fait, ne fermait jamais sa porte. J'ai appelé le maître d'hôtel.

— Philippe, Margot est malade. Voudrais-tu lui porter un petit déjeuner.

Quelques minutes plus tard, j'entendais un grand cri. Philippe avait frappé à la porte de l'infirmerie. N'entendant pas de réponse, il était entré et avait découvert notre observatrice en tenue d'Ève sous sa douche. Les occasions de rire étaient tellement rares qu'il fallait bien les provoquer.

Les contrôles des garde-côtes étaient plus nombreux et

plus sévères que jamais, ce qui ne laissait rien présager d'heureux pour l'avenir. Nous avions cependant effectué un bon voyage lorsque nous rejoignîmes Bordeaux le 8 avril.

Une surprise de taille nous y attendait : deux armements coexistaient dans la capitale de l'Aquitaine; d'une part l'armement Vidal qui possédait trois bateaux pour la pêche au large, le *Pierre-Vidal,* le *Victoria* et le *Commandant-Gué*; d'autre part notre compagnie, les Pêcheries de Bordeaux-Bassens, avec quatre bateaux, le *Groenland,* l'*Islande,* le *Finlande* et le *Jutland.* Il était question de les rapprocher, ne serait-ce que pour une meilleure gestion. Cette fusion devait être assortie d'une aide gouvernementale de six millions de francs. C'était un assez joli cadeau dans la corbeille de mariage, assez beau en tout cas pour vaincre des réticences qui paraissaient insurmontables. Chacun en effet avait son orgueil : il n'était pas facile d'oublier un long passé de concurrence et, bien sûr, chacun estimait posséder la compétence nécessaire à la coordination de l'opération.

Après plusieurs rencontres, un accord fut finalement trouvé. Tout a reposé sur la personnalité d'un P.-D.G. très crédible, monsieur Domecq. Self-made man, il avait créé à Bordeaux une entreprise de transport et de consignation considérable. Fin politique, il avait par ailleurs l'avantage de n'appartenir à aucun des deux armements. Sa grande expérience des affaires fit le reste. C'est sous le sigle S.N.P.L., Société nouvelle de pêches lointaines, que le nouvel armement fut lancé. Un huitième bateau, le *Joseph-Duhamel,* de Fécamp, a rejoint notre flottille qui devint le plus grand armement français de grande pêche.

Pour les capitaines, cette fusion allait relancer la concurrence. Depuis que Terre-Neuve est fréquentée, les armateurs ont toujours recherché les meilleurs capitaines et les ont rémunérés en fonction des résultats. Mais malheur à celui qui revenait avec de mauvaises pêches deux années de suite. Parfois, les armateurs n'attendaient même pas aussi longtemps pour remercier celui dont ils mettaient en doute les capacités. Celui qui avait droit aux grands sourires, aux courbettes et aux festins pouvait se retrouver licencié du jour au lendemain.

C'est pourquoi j'ai essayé de toujours garder la tête froide, même si mon armement, les Pêcheries de Bordeaux-Bassens, était très clément par rapport à d'autres. On y avait une conception moins expéditive de la gestion humaine et ce n'était pas la pagaille pour autant, bien au contraire!

Les chiens hurlaient à la mort

Il ne faudrait pas croire que notre univers de marins se bornait à travailler beaucoup, et à dormir peu. Même dans un environnement hostile, le mauvais temps, la banquise, le froid et l'immensité, nous n'étions pas totalement livrés à nous-mêmes et à notre solitude. C'est ainsi que dans l'univers du marin, l'animal est souvent le compagnon de tous les jours, le seul lien avec un monde différent, parfois l'auxiliaire qui nous permet de déceler le poisson ou de prédire le mauvais temps. Ami ou ennemi, compagnon de route ou prédateur, il est toujours avec nous.

Contrairement à la légende, il en est un que je n'ai pratiquement pas rencontré sur les chalutiers, c'est le rat. Peut-être nos bateaux n'étaient-ils pas assez bons pour eux ! Une nuit, cependant, sur le *Président-Houduce,* j'ai été réveillé en sursaut. Dans les postes, la lumière était allumée en permanence et il aurait fallu des projecteurs pour nous empêcher de dormir. Dans mon demi-sommeil, j'ai eu le temps d'apercevoir la queue d'un rat au pied de ma couchette. Le temps de me frotter les yeux, il avait disparu. J'en ai parlé au réveil, ce qui a semé une certaine panique. Il pouvait s'attaquer à nos victuailles et il y avait toutes les chances pour qu'il ne fût pas seul. Une ratière était dans chaque poste, mais nous ne l'avions pas mise en place. Georges, le treuilliste, prit l'affaire en main :

— Attrapez-m'en un, et après on n'en aura plus, je vous le promets.

— Comment feras-tu ?

— Vous verrez bien, mais je garantis le résultat.

Tout le monde était sceptique mais nous réussîmes à prendre un rat juste avant de banquer. Pour faire ce qu'il voulait, Georges demanda à Édouard de l'aider en tenant le rat, les mains protégées par les épaisses mitaines en peau de vache qui servaient à virer les cartahus. Georges prit son nécessaire de couture dans sa boîte de biscuits et en sortit une grosse aiguille et du fil à voile.

— Édouard, attrape le rat ! Tiens-le bon, et maintenant montre-moi son cul.

Georges entreprit alors de lui coudre l'anus. Nous n'en croyions pas nos yeux. La bête gesticulait et poussait des cris stridents. Georges restait très calme, comme s'il était occupé à coudre un bouton sur sa chemise, puis il a pris son couteau, a coupé le reste du fil et a dit :

— Ça y est, lâchez-le !

Le rat a caracolé quelques secondes avant de disparaître. Nous n'avons en effet jamais revu un seul rat dans les postes, en revanche nous avons trouvé, en fin de voyage, plusieurs cadavres au fond du magasin.

Je devais aussi faire connaissance avec les mouettes car, sur les classiques, elles constituaient un complément indispensable à notre alimentation. Nous les mangions de préférence grillées car c'est ainsi qu'elles étaient acceptables. Nous les pêchions pendant les marées de paradis ou pendant notre quart de couche. Il fallait vraiment avoir faim si l'on songe que nous n'avions droit qu'à cinq heures de sommeil pour dix-huit heures de travail. Nous utilisions une technique apprise sur l'*Islande* : nous les attrapions avec des lignes, comme de vulgaires poissons. Il fallait une ligne solide terminée par cinq mètres de nylon assez fin et un petit grappin en bois, gros comme un crayon. Le bois était teinté en bleu, avec l'encre qui nous servait pour le courrier, et nous y fixions quatre hameçons à maquereaux dans des encoches faites au couteau.

Nous filions ensuite nos lignes jusqu'à cent mètres du bateau et les mouettes, voraces, ne manquaient pas de plonger sur cet appât flottant. Au moment où elles l'avaient dans le bec, nous tirions d'un coup sec. Prise, la mouette se débattait furieusement, faisait le cerf-volant parfois jusqu'à la verticale du pêcheur, mais le combat se terminait rapidement.

Les mouettes étaient immédiatement dépouillées et vidées. C'était l'affaire de trois minutes. Nous les laissions ensuite pendre sur des filières pendant vingt-quatre ou quarante-huit heures avant de les faire griller, ce qui nous évitait de fournir de la margarine au cuisinier. Parfois nous pêchions aussi des dadins, ces cousins des mouettes qui passent six mois de l'année sur les bancs de Terre-Neuve, et qui sont meilleurs en ragoût.

Nous ne faisions pas cela pour le plaisir. Ces oiseaux amélioraient une nourriture pauvre, et pour le repas de minuit nous mangions souvent deux mouettes chacun. Cet usage est aujourd'hui totalement abandonné car la nourriture est suffisamment saine et variée mais autrefois, j'en ai moi-même pêché et mangé des centaines.

Au Groenland, nous avions aussi la possibilité d'attraper des canards. J'avais remarqué qu'ils prenaient leur envol la nuit, chaque fois que nous passions entre quinze et seize milles de la pointe de Kangek. Il me suffisait alors d'allumer le projecteur et les oiseaux affolés s'abattaient un peu partout sur le pont. Ils arrivaient parfois à une vitesse formidable, au point de se fracasser la tête sur les cloisons de la passerelle. L'équipage courait dans tous les sens pour ramasser les produits de cette chasse. Les espèces étaient variées, mais toutes avaient un fort goût de poisson.

Les chiens ont tenu une assez grande importance dans ma vie de marin. J'ai fait leur connaissance au large du Groenland. Quand nous n'étions pas trop loin de la côte et que le temps était sûr, des canots esquimaux apparaissaient souvent. Ils nous accostaient et nous proposaient de jeunes chiens de traîneaux, véritables boules de poils si jolies qu'il était difficile de résister à la tentation. La monnaie d'échange était un litre de bistouille, et celui qui gardait son boujaron quotidien possédait son litre en vingt jours.

La première fois que j'ai assisté à cette scène, deux chiots ont été embarqués, mais l'expérience m'a ensuite appris qu'il valait mieux s'abstenir. En effet, ces chiens étaient beaux mais nous ne pouvions en faire grand usage ni leur proposer une vie agréable. Ils aiment vivre en meute et dans leur habitat; leur nourriture de prédilection est le poisson pourri; ils connaissent peu leur maître et passent bien souvent leurs nuits à hurler à la mort. Beaucoup de marins, après avoir rapporté ces chiens en France, n'ont eu que des ennuis : le plus souvent ils ont dû rembourser des dégâts importants dans des troupeaux de veaux ou de moutons égorgés et saignés.

A Holsteinsborg, j'ai vu deux cents de ces chiens se baigner dans le port. Parfois, la ville en était envahie et, vers 1963, un enfant a été attaqué et dévoré par une meute. Les autorités locales ont alors pris la décision de les reléguer sur une île où, deux fois par jour, un bateau allait leur porter de la nourriture. Je ne sais si l'île des chiens existe toujours.

Trop de gens achetaient des chiens sans savoir à quoi ils s'engageaient. Un jour, sur le *Duguay-Trouin*, un officier est venu me prévenir de la présence d'un chien dans la cale qui n'arrêtait pas de hurler. Après mon travail, j'y suis allé et j'ai découvert un magnifique chiot noir. Comme il aboyait et dérangeait le poste d'équipage, son propriétaire avait décidé de l'enfermer dans la cale, sur le sel. La pauvre bête avait les pattes complètement rongées et ses hurlements n'avaient plus rien à voir avec l'ennui ou le désarroi, il souffrait le martyre. Je l'ai pris dans ma cabine où j'ai eu toutes les peines du monde à le soigner et à faire tenir ses pansements. Au bout de quelques jours, son état s'était légèrement amélioré et la bête commençait à me suivre en gémissant. Trois semaines plus tard Yuki était sauvé et ne me lâchait plus d'une semelle. Il faisait le quart avec moi pendant six heures au pied de la barre. Il avait fait de moi son nouveau maître.

En fin de voyage, c'était devenu un animal superbe. Au moment de débarquer, je demandai à son maître ce qu'il comptait en faire et j'avoue que je l'aurais bien gardé, mais il voulut reprendre son chien. Je ne pouvais pas le lui refuser. Un mois plus tard, j'ai revu Yuki. Il était en parfaite santé et semblait très heureux à la campagne. Il n'empêche qu'il m'a fait une vraie fête.

En 1967, à Holsteinsborg, j'avais troqué un litre de tafia contre une carabine. Nous avions embarqué quatre chiens qui, toutes les nuits, hurlaient à la mort sur le pont. J'en frissonnais à la passerelle. Pour se nourrir, ils délogeaient entre les caillebotis du pont toutes sortes de vieilles arêtes de poisson en décomposition.

Les chiens avaient pris l'habitude de faire leurs besoins à l'entrée de la descente de la machine, ce qui ne plaisait pas à tout le monde. Un matin, un hurlement m'attira à l'arrière du bateau. Un pauvre chien était là, perché sur ses deux pattes de devant, le train arrière traînant lamentablement, les reins brisés.

J'essayai de retrouver le coupable, mais autant chercher un panier de fraises à bord. J'appelai le propriétaire pour lui demander s'il avait reçu des menaces ou des plaintes à propos de son chien. Bien entendu, il n'en avait reçu aucune. Je lui demandai aussi ce qu'il comptait faire de l'animal condamné. Il se proposa de le jeter à l'eau mais il n'était pas question que j'accepte qu'un chien vivant soit jeté à la mer. Je lui ai alors proposé de le tuer à la carabine, m'imposant là une épouvantable corvée. Il a suffi d'une balle entre les deux yeux, mais ce jour-là je n'ai pas réussi à m'endormir.

Tous les chiens n'ont pas connu ce sort tragique. J'ai eu pendant des années comme extraordinaire compagnon de veille, mon teckel Lama. Il fut de tous mes voyages et comme je l'avais emmené fort jeune, la mer était son véritable univers, le bateau son vrai domicile. Une fois seulement, j'ai eu la faiblesse de ne pas l'emmener. Guy Dezeustre m'avait convaincu que Lama devait s'ennuyer mortellement à bord, que sa place était à terre auprès de ma femme et de mes enfants. Cinq jours après mon départ il était mort à la suite d'une fugue directement liée à cet abandon. Brave Lama ! Il est sans doute le seul animal de compagnie à avoir connu le Spitzberg, le Groenland et les Kerguelen.

L'hémisphère Sud nous a valu d'intéressantes découvertes du monde animal. La grande surprise est venue des otaries qui suivaient le bateau pendant des heures et des heures. Inlassablement, elles dansaient tout autour de nous un ballet extraordinaire. Elles nageaient sur le dos ou roulaient sur elles-mêmes en attendant que nous remontions le chalut. Puis, lorsque la poche crevait la surface de l'eau, elles se battaient pour y grimper. Il n'était pas rare d'en voir trois ou quatre sur le chalut, faisant de grands gestes devant l'extraordinaire festin qui les attendait. Celles qui étaient restées dans l'eau dévoraient tout poisson qui débordait d'une maille, puis elles accompagnaient nos captures jusqu'à la rampe arrière du bateau.

Il nous est même arrivé de voir des otaries monter à bord avec le chalut. Mais là, attention ! Il valait mieux s'écarter de leur chemin, car elles sont armées de mâchoires redoutables. L'une d'elles, un jour, est même tombée dans la trappe de l'usine qui nous sert à larguer le poisson depuis le pont. Il était hors de question de la laisser se promener dans l'usine car elle représentait un réel danger, et il nous a fallu plus d'une demi-heure pour la capturer et la remettre à l'eau. Les otaries qui montaient sur le pont avec le chalut ne partaient jamais vers l'avant du navire, d'instinct elles arrivaient à passer par-dessus la lisse, haute de plus d'un mètre, et à sauter à l'eau. Un jour, l'une d'entre elles, sans doute trop gourmande, s'est noyée dans le chalut. Elle respirait à peine et paraissait dans un état comateux. Nous lui avons fait quelques pressions sur le ventre, elle a repris vie puis est repartie tranquillement se jeter à l'eau.

Les fous de Bassan représentaient de sacrés concurrents des otaries. Ces magnifiques oiseaux, qui atteignent parfois plus d'un mètre d'envergure, surveillent la surface de l'océan de leurs yeux bleus et, quand ils aperçoivent quelque chose, se laissent tomber comme des torpilles, les ailes collées au corps. Ils peuvent ainsi plonger à plusieurs mètres. Noir et blanc, tête jaune, bec blanc, ils sont merveilleux à regarder. Malheureusement, ils étaient souvent victimes de leur voracité et se noyaient, la tête prise dans les mailles du chalut.

Ce qui m'étonna le plus, sur la côte de Namibie, fut la couleur des mouettes : elles étaient noires comme des Africains.

Dans les mers du Sud, nous eûmes deux grands compagnons : les albatros et les damiers du Cap. Les premiers, qui nous rejoignaient de temps en temps, constituaient un auxiliaire météorologique précieux, nous annonçant toujours le gros temps. Les deuxièmes, petites mouettes un peu massives, avec un plumage noir et blanc d'arlequin, nous entouraient en permanence. Dans la tempête, ils prenaient parfois des allures de confettis. Il arrivait même qu'ils soient plaqués par le vent sur le pont et mettent de longues heures avant de pouvoir s'envoler de nouveau.

Je ne peux pas évoquer les animaux sans parler des phoques. Nous dérangeons parfois des familles sur la banquise de Terre-Neuve où ils sont des milliers, mais ils sont aussi la source d'une grande partie de nos ennuis avec le gouvernement canadien. En effet, celui-ci n'a jamais accepté les campagnes menées en Europe contre la chasse aux bébés phoques, et encore moins les règlements adoptés par les pays européens qui interdisent toute importation de fourrures ou de cuir de cet animal. Les Canadiens n'ont pas admis de passer pour des assassins sadiques ou pour des prédateurs mettant en péril toute une espèce. Enfin, les sanctions économiques leur sont restées en travers de la gorge et ils nous ont fait payer leur mauvaise humeur sans jamais cacher que les tracasseries dont nous étions l'objet n'étaient pas sans rapports avec notre attitude sur l'exploitation des phoques.

L'opinion européenne n'a pas été correctement informée sur les véritables données du problème. Elle n'a jamais eu en sa possession que les arguments de Brigitte Bardot et ceux de Greenpeace. C'est vrai que l'image de cette petite boule blanche que l'on assomme, celle du sang sur la neige, est forte et dure, assez pour parler directement aux sens sans qu'il soit besoin de faire appel à la raison. Les protecteurs des phoques ont toujours su l'utiliser à la perfection.

Il faut quand même savoir que les phoques ne sont pas de gentilles petites bêtes se nourrissant exclusivement de plancton. C'est un mensonge éhonté. J'ai essayé de le dire un jour à Saint-Malo, à des responsables de Greenpeace qui avaient organisé une manifestation d'« information ». Je n'ai pas eu le droit de me faire entendre, seulement celui d'être pris en photo comme un dangereux agitateur.

Chaque fois que nous avons pêché des phoques dans notre chalut, nous leur avons trouvé l'estomac bourré de morues. Elles n'y sont pas venues toutes seules et n'ont rien à voir avec le plancton ! Il nous est aussi souvent arrivé de voir sur la banquise des phoques la gueule débordante de crabes.

Depuis qu'ils sont l'objet de tant d'attentions, et donc beaucoup moins chassés, les phoques commencent à poser de sérieux problèmes car leur nombre s'accroît dangereusement. C'est vrai dans le golfe du Saint-Laurent comme dans les eaux norvégiennes et nous l'avons constaté à Terre-Neuve. Les Norvégiens ont déjà publié plusieurs rapports alarmants sur cette question. Si les phoques se développent davantage, c'est le stock de morues qui sera menacé et donc la pêche. On pourra alors se tourner vers Greenpeace et Brigitte Bardot pour leur demander une solution !

Terre-neuvas en short

La Norvège ayant appliqué avec rigueur la règle des deux cents milles, l'armement m'a fait part de son intention de me renvoyer en Afrique du Sud. Fort de l'expérience précédente, j'ai accepté en posant deux conditions : qu'on m'autorise à prendre le plus de contacts possible en Espagne pour obtenir un maximum de codes, ensuite qu'on me fournisse tout le matériel nécessaire à une telle expédition. Je ne voulais plus voir mon équipage travailler dans des conditions aussi précaires et désordonnées que pour la première campagne.

Le premier point n'a pas posé de problèmes. Pour le second, il a fallu se battre. Je demandais plusieurs équipements assez coûteux, notamment un second netsonde et un Magnavox. Il s'agit d'un équipement assez fragile qui permet de faire le point par satellite; assez banalisé aujourd'hui, il était à l'époque tout à fait révolutionnaire.

Je siégeais alors au conseil d'administration de la S.N.P.L. et je profitai de ce qu'on évoquait ce voyage pour rappeler les conditions indispensables à mon accord quand on m'a glissé un petit papier. Il me venait du responsable du matériel et disait : « Accord pour vos appareils ». J'avais gagné. Le reste ne dépendait plus que de moi lorsque nous quittâmes Bordeaux le 18 août 1978 avec tout le matériel souhaité et les chaluts adéquats.

La campagne dura cent quinze jours, dont seulement soixante-quatorze de pêche. Nous revînmes avec sept cent quarante-quatre tonnes de poisson dont onze d'encornets et une tonne et demie de lotte, cent trente-sept tonnes de farine de poisson et un chargement de pulpe de merlu. Appelée aussi farce ou pâté ce n'est rien d'autre que de la chair de poisson sans aucune arête.

Ce voyage fut l'occasion d'une décision importante concernant la sécurité. J'avais constaté que les marins espagnols, portugais, sud-africains ou allemands de l'Ouest portaient tous un casque pour se protéger des chocs sur le pont de travail. J'ai décidé d'en faire la demande dès mon retour en France et d'y adjoindre celle d'un gilet de sauvetage à déclenchement automatique en cas de chute à la mer.

Un accident m'avait fait réfléchir : nous étions à virer le chalut quand un matelot a reçu un coup sur la tête et s'est écroulé sur le pont. Quand je suis arrivé près de lui il gisait, très pâle, une mare de sang s'étalait sous sa tête. Il avait le pouls faible et sa pupille répondait à peine au test de la lampe électrique. J'étais très inquiet.

Nous avons immédiatement fait route sur le port de Windouck. Alertées par radio, les autorités locales avaient agi avec efficacité et un remorqueur nous attendait sur rade. Une sorte de pont-levis, partant de la passerelle du remorqueur, s'est abaissée à l'horizontale de notre pont et nous a ainsi évité une évacuation difficile.

J'ai toujours pensé que s'il avait eu une protection sur la tête, ce marin n'aurait rien eu. J'ai fait le compte de tous les accidents du même genre que j'avais rencontrés. La solution était évidente, mais les Français ne trouvent pas du tout viril de songer à leur sécurité.

Après la pêche, il nous restait trois semaines de route pour rejoindre la France, avec de nouveau ce maudit équateur à franchir. A deux jours de Boulogne un télégramme me demanda de ralentir la route. J'appréciai d'autant moins que j'avais à bord un blessé et deux malades, et il nous était difficile d'admettre qu'au bout de quatre mois de navigation on nous fasse différer notre arrivée. Je téléphonai par Saint-Lys-Radio pour demander des explications.

On me répondit que le nouveau directeur général adjoint de l'armement était occupé ce jour-là et qu'il n'aurait pu assister à notre arrivée. En revanche, il était libre vingt-quatre heures plus tard. En conséquence, on nous demandait de l'attendre pour accoster. J'étais fou de rage. Je menaçai d'escaler à Brest pour mes hommes en attente d'un médecin. Finalement, nous trouvâmes un terrain d'entente : nous arrivions à Boulogne comme prévu mais je devais rester sur rade et faire venir un médecin à bord. Tout se passa comme convenu mais, le 10 décembre 1978, je n'étais pas à prendre avec des pincettes.

Le 6 janvier suivant, nous mettions le cap sur Terre-Neuve, après avoir eu la chance de passer les fêtes dans nos familles, contrairement à certains collègues de la société qui avaient dû hiverner. Maintenant cela nous faisait tout drôle de naviguer « à l'envers ». Tout le monde sait que pour augmenter la latitude, dans l'hémisphère Sud il faut faire du Sud tandis que dans le Nord il faut faire du Nord. Élémentaire ! Il n'empêche que cela surprend toujours ceux qui, comme nous, ont pour habitude de se choisir un coin de mer et d'y rester un mois ou deux comme sur un pacage.

La pêche se déroulait parfaitement, toujours accompagnée de notre ange gardien canadien. Nous commencions à à nous faire à l'idée que nous étions désormais leurs invités. Après tout, qu'aurions-nous fait si des Soviétiques ou d'autres flottes étrangères venaient pêcher dans la baie du Mont Saint-Michel ou dans celle de Douarnenez ?

Le 18 janvier, nous étions en pêche dans le golfe du Saint-Laurent, au nord-ouest du cap Saint-Georges, près d'un camarade d'écurie, le *Victoria,* et nous venions de virer deux coups de chalut de huit et dix pales.

Dans l'après-midi, après avoir embarqué un gros trait, le *Victoria* a pris de la gîte. Nous en étions environ à 6 milles et Claude Lemée, le second que je connaissais bien, m'a demandé par VHF de ne pas m'éloigner du navire. J'ai tout de suite compris qu'il se passait quelque chose de sérieux et j'ai observé le bateau à la jumelle : la gîte augmentait.

Je me suis approché et, malgré la qualité de la pêche, j'ai pris la décision de ne pas refiler le chalut.

En fin d'après-midi, la gîte était extrême et il fallut songer à l'abandon. Tout près du *Victoria,* rejoint également par les autres navires français du secteur, nous assistâmes impuissants à l'agonie du bateau.

Les radeaux furent mis à l'eau et l'évacuation se fit en bon ordre. La mer était de force deux à trois vers 17 heures et la nuit tombait. Avec elle la neige arriva puis la mer se forma. Les cinquante et un hommes d'équipage furent tous recueillis à temps, fort heureusement, car plus tard les choses auraient pu prendre une tournure dramatique. Nous embarquâmes neuf hommes à bord du *Jutland,* dont le capitaine du *Victoria,* évidemment très choqué.

Au cours de ce naufrage, mon ami Claude, le second sorti du rang, ancien mousse, ramendeur puis patron de pêche formé par l'école de Cancale, lieutenant puis second, eut une main gelée pendant l'évacuation du bateau. Il avait été l'un des derniers à déborder mais un canot pneumatique ne s'était pas déclenché. Il s'était alors glissé sur le filin reliant le canot au navire. Cet exercice nécessitait à la fois force physique et courage. A coups de talon il avait fait déclencher le canot de sauvetage, puis était redescendu par son filin. En glissant, il s'était brûlé les mains. Après avoir installé les hommes dans le canot, il s'était servi d'une pagaie pour déborder du *Victoria* qui s'enfonçait lentement, mais elle s'était brisée et, pour la rattraper, Claude avait dû mettre les mains dans l'eau glacée.

Plusieurs bateaux de la S.N.P.L. avaient mis leurs dinghies à l'eau pour remorquer tant bien que mal les radeaux. Claude est arrivé au bord du *Zélande* et a réclamé un filin pour se l'enrouler autour de la taille car il ne sentait déjà plus sa main. Il n'a jamais pu en retrouver l'usage. Cet homme au physique puissant est irrémédiablement handicapé. Sa carrière a été brisée. Son moral aussi.

Nous sommes rentrés à Bordeaux après une campagne honorable qui n'aurait laissé aucun souvenir s'il n'y avait eu ce naufrage. Pendant mes congés, l'armement a téléphoné chez moi, à Saint-Malo, pour m'annoncer de nouveaux projets : je devrais, dans un premier temps, mettre en pêche en Namibie, puis franchir le cap de Bonne-Espérance pour aller filer mon chalut dans l'océan Indien. Il fallait essayer deux zones inconnues, le plateau continental des îles Crozet et celui, beaucoup plus vaste, de l'archipel des Kerguelen. Je devais enfin faire route encore plus au sud pour faire encore des essais de pêche au krill, cette minuscule crevette dont l'Antarctique regorge et qui constitue le mets favori de certaines espèces de baleines.

L'aventure n'était pas banale; aussi y avait-il une animation inhabituelle, ce 11 janvier 1979, pour notre départ de Bordeaux. La presse s'intéressait à notre aventure. C'était bien la première fois que nous n'avions pas l'impression de partir dans l'indifférence générale. Peut-être était-ce la magie des mers du Sud ?

Notre première escale était prévue à Abidjan pour souter. L'agent de la compagnie maritime est monté à bord nous avertir que le gasoil n'était pas livré. Nous avons jeté l'ancre dans le lagon et mouillé trois maillons. J'ai laissé le commandement à mon second, André, puis je suis parti en canot avec l'agent pour téléphoner à Bordeaux, car il semblait que le règlement du gasoil n'était pas arrivé. Il me fallut quelques heures pour télexer à Paris puis téléphoner à Bordeaux.

Pour contacter mon bord par VHF, je suis alors monté sur un thonier en livraison. Je suis tombé sur André.

— Comment ça va ?

— Ça irait bien si je n'avais pas des problèmes de femmes.

— De femmes ?

— Eh bien, oui ! Il en est arrivé une bonne vingtaine par pirogues. J'ai fait interdire l'embarquement par l'échelle et la porte, mais les gars ont envoyé des filins par les hublots.

— Te casse pas la tête. On les mettra dehors tout à l'heure. J'arrive avec une barge de gasoil.

Nos soutes furent remplies rapidement et les filles débarquées beaucoup plus vite. Nous avons repris la mer aussitôt et franchi l'équateur le 22 août à 8 heures. Comme plusieurs d'entre nous étaient très fiers d'avoir déjà passé la ligne, ils se sont fait un plaisir de baptiser les nouveaux. Les festivités se sont déroulées l'après-midi. Il faisait très chaud, trente-cinq degrés par temps couvert, et tout le monde s'était mis en short. Des terre-neuvas dans cette tenue, qui l'eût cru !

Coiffé d'une couronne et armé du trident, l'attribut traditionnel de Neptune, le radio présidait la cérémonie : les candidats au baptême devaient manger un gâteau au piment arrosé d'un bon verre d'eau de mer. Ils étaient ensuite enduits d'un mélange de graisse noire et de suie, avant d'être plongés dans une mini-piscine. A la fin de la cérémonie, les nouveaux baptisés se ruèrent sur leurs bourreaux en les enduisant à leur tour de graisse. Nous nous amusions d'autant plus que nous n'arrivions plus à reconnaître les hommes. Comme le veut la coutume, la cérémonie s'est terminée par une distribution de diplômes et par un pot.

Le lendemain, le travail avait repris ses droits et nous avions mis le cap sur l'Angola quand j'aperçus un singe à bord. Je demandai des explications. Il avait été embarqué à mon insu par le matelot Pouchan. Que faire sinon le garder ! Nous l'avons baptisé Jojo et, par la suite, il devint le grand compagnon de jeu de mon teckel.

Avant d'arriver en pêche, les hommes du pont ont reçu chacun un gilet à gonflage automatique et un casque. Chacun avait la responsabilité de son matériel. Nous avons trouvé quelques merlus au nord de la Namibie, puis nous avons traîné notre chalut plus au sud, tout cela sans succès. Une amélioration s'est fait sentir à partir du 5 septembre.

Je regrettais beaucoup l'absence des navires allemands *Tübingen* et *Freiburg*. Plus d'une fois, ils m'avaient donné des conseils et même dépanné. Quand nous étions en panne de machine à fileter, ils n'hésitaient pas à nous prêter la pièce défectueuse en attendant que nous en recevions une en remplacement. Je ne suis pas sûr que des pêcheurs français auraient agi ainsi. En revanche, j'ai eu la visite de mon ami Pedro, le capitaine du chalutier espagnol *Mino*, un monstre qui pouvait loger dans ses cales mille quatre cents tonnes de poissons. Pedro m'a apporté quelques saucissons de poisson qui font fureur en Espagne. J'en remis deux, au retour, à notre responsable commercial.

La pêche s'améliorait et nous traitions quinze à seize tonnes par jour. Les hommes travaillaient par rotation de six heures. J'avais en effet inauguré un système qui consistait à alterner six heures de repos avec six heures de travail. Les hommes ne travaillaient donc que douze heures quotidiennes au lieu de dix-huit. La peine était moins grande et le rendement presque aussi bon. Désireux d'augmenter la production, j'ai décidé de rallonger d'une heure chaque quart, ce qui portait le travail à quatorze heures par jour. J'en ai avisé les deux délégués de l'équipage.

Car lorsque le poisson se présente, il ne s'agit pas d'adopter des horaires de fonctionnaire. Bien au contraire, tous les terre-neuvas se disent que plus vite le bateau sera rempli, plus vite ils seront rentrés chez eux.

Mais le lendemain, contrairement à mes prévisions, nous n'avions traité que dix-sept tonnes. Au bout de deux jours, j'ai été obligé de me rendre à l'évidence : la rallonge horaire ne donnait pas une hausse de production proportionnelle à l'effort demandé aux hommes. Les deux délégués de l'équipage sont alors venus me voir à la passerelle :

— Voilà, capitaine, les conditions de travail sont trop longues : si vous revenez à douze heures, nous vous promettons que nous obtiendrons dix-huit tonnes.

Je croyais bien connaître les hommes, ne serait-ce que pour avoir longtemps partagé leur vie, et j'étais plutôt enclin à les aider. Je n'y comprenais rien et réservai ma réponse vingt-quatre heures. Je n'avais qu'une alternative, rester ferme, ce qui durcirait les positions et risquait de compromettre l'ambiance de la campagne, ou au contraire accepter le marché.

J'adoptai la seconde solution car il nous restait trois mois de pêche, et je voulais que le climat reste bon, d'autant que nous ne savions pas ce qui nous attendait du côté de Crozet et des Kerguelen. Nous revînmes aux douze heures et les gars firent leurs dix-huit tonnes par jour.

Nous sommes restés dans ces parages jusqu'au 30 septembre. Nous traînions dans des sondes de trois cent quatre-vingts à quatre cents mètres notre chalut grand comme un terrain de football. C'est à regret que nous avons dû partir. Ce dernier jour, la pêche nous avait donné vingt tonnes de produits finis en vingt et une heures, mais il fallait impérativement que nous soyons arrivés à Cape Town le 2 octobre si nous voulions respecter les instructions qui nous avaient été données pour notre campagne aux Kerguelen. C'est donc sans plaisir que j'ai affiché le cap 165, direction Cape Town, Afrique du Sud.

Là, m'attendaient plus de cinq cents lettres de philatélistes qui me demandaient de poster leur courrier affranchi avec des timbres des terres Australes. Il fallait mettre le cachet du bateau sur l'enveloppe et ma signature sur le pli. J'appris plus tard que ces timbres et ces affranchissements étaient très recherchés et j'ai dû devenir un virtuose du tampon pour faire face à toutes les demandes.

Je savais que le voyage était foutu

Je ne partais pas sans biscuit à Crozet et aux Kerguelen. J'avais des dossiers énormes, des kilos de documentations parfois contradictoires. Je possédais aussi les statistiques des pêches soviétiques. Elles m'avaient été fournies par la Direction des terres Australes et Antarctiques françaises. Les chiffres faisaient apparaître que les Russes, qui pêchaient déjà depuis plus de dix ans aux Kerguelen, réalisaient une bonne pêche en octobre. Il était donc impératif de quitter Cape Town le 5 octobre au plus tard si nous voulions profiter un peu de la bonne saison.

Le 3, nous avons été rejoints par la mission scientifique composée de Marcel Portier qui m'avait déjà accompagné en Namibie; de monsieur Roger, maître de recherches à l'O.R.S.T.O.M. et spécialiste du krill, d'un biologiste allemand, monsieur Klages, et de deux biologistes français, l'un du Muséum d'histoire naturelle de Paris, monsieur Duhamel, l'autre du laboratoire Arago, monsieur Duchêne.

Avec Guy Dezeustre, l'un des directeurs de la S.N.P.L., et le capitaine Barbarin, de la S.A.P.M.E.R., un armement réunionnais qui envisageait également de tenter l'expérience sur les Kerguelen, nous étions soixante et un à bord. C'était une première cause d'inquiétude. Un tel nombre de passagers, sans médecin à bord, ne me rassurait guère.

J'ai appris le 3 qu'un chalutier polonais, le *Lacerta,* était dans le port. Il devait lui aussi aller aux Kerguelen. Je me suis donc rendu à son bord pour faire la connaissance du commandant et, il faut bien l'avouer, essayer de glaner quelques renseignements. J'étais accompagné de Guy Dezeustre et de quelques scientifiques. Nous avons été reçus très cordialement, vodka en main.

Le commandant m'a annoncé qu'il était en avarie de machine et que, de ce fait, il serait retardé d'au moins un mois. Puis je lui ai posé les questions qui me brûlaient les lèvres. Il connaissait bien les Kerguelen. Il fallait, selon lui, attendre le 15 novembre, date de l'arrivée du gunari, poisson que nous espérions voir remplacer la morue et que nous avions baptisé « poisson des glaces ».

J'étais dépité mais je voulais rester optimiste. Les Sud-Africains avaient travaillé jour et nuit sur nos treuils et nos netsondes. Tout avait été parfaitement exécuté et pour moitié prix qu'en France. Ils avaient installé un anémomètre car nous allions avoir à nous promener du côté des quarantièmes rugissants et des cinquantièmes hurlants dont la réputation n'est plus à faire.

Nous avons quitté Cape Town le 5 à 9 h 30. Le lendemain à 13 h 35 nous franchissions le cap de Bonne-Espérance et l'aventure commençait. Bien sûr, tant de gens nouveaux à bord perturbaient singulièrement la vie d'un équipage enfermé dans des habitudes, pour ne pas dire des rituels. J'ai réuni tout l'équipage au réfectoire pour lui expliquer le but de notre mission.

Considérée comme expérimentale, notre campagne en Antarctique était subventionnée par le F.I.O.M. (Fonds d'intervention et d'organisation du marché) pour un montant de cinq millions. Devaient s'y ajouter des subventions des T.A.A.F. et du département de la Réunion.

Nous n'avions qu'une vague idée de ce que nous allions trouver et de la façon dont pourrait s'organiser la pêche. Même pour les hommes de l'usine, ce voyage avait un petit parfum d'aventure, ils savaient que la routine ne serait pas de l'expédition.

Je profitai de la route pour faire visiter le navire aux passagers. Cette activité de guide m'a toujours laissé un sentiment de malaise : le gyropilote est anglais, la commande du pas d'hélice est suédoise ; parmi les systèmes de navigation le Decca est anglais, le Loran et le Magnavox sont américains, et les deux radars Decca sont anglais. Pour les appareils de détection nous possédons trois sondeurs norvégiens, un sondeur en couleurs japonais et un détecteur horizontal norvégien. Quand nous avons fini le tour de la passerelle, nous devons admettre qu'il n'y a en tout et pour tout que deux appareils français : la télévision de surveillance de l'usine et le baromètre. Il n'y a pas de quoi être fier.

Dans l'usine c'est encore pire : les quatorze machines à fileter viennent de R.F.A. et les armoires de surgélation Jackston sont anglaises. Quant au bateau il a été construit en Italie. En définitive seul l'équipage est français.

Nous sommes entrés dans les quarantièmes rugissants dans la nuit du 8 au 9 octobre. Le 11 nous approchions de Crozet. A 6 heures, les appareils nous signalaient une barre de détection à cent mètres de la surface. J'ai alors décidé de remonter franchement les fonds. Nous sondions cent cinquante mètres et nous étions, à douze milles au nord de l'île des Apôtres, le premier chalutier à violer ces eaux. Cinquante minutes plus tard nous filions le chalut par cent trente à cent quarante mètres, sur des fonds très accidentés. Au netsonde, il semblait qu'un peu de poisson rentrait dans le chalut.

Au bout d'une heure la passerelle était remplie de tous ceux qui avaient pu se libérer, membres de l'équipage et scientifiques, tous impatients. Nous avons viré le chalut. Il n'y avait aucune avarie à déplorer mais la pale déversée sur le pont n'était composée que de méduses. La déconvenue fut grande, surtout pour moi qui tentais de regonfler le moral de tous en leur disant que ce métier n'était fait que de grandes déceptions et de grandes joies.

Le 13 octobre, nous sommes arrivés sur le banc de Skiff situé à cent milles à l'ouest des îles Kerguelen. Nous avons mis le chalut à l'eau dans des sondes de deux cent soixante-dix à trois cent trente mètres. En trois heures et vingt minutes, nous n'avions pêché que trois cents kilos de colins des Kerguelen. Si pendant le même temps nous avions tous pêché à la ligne, nous aurions peut-être remonté la même quantité de poissons. Je commençais à me demander dans quelle galère nous étions embarqués.

Le 13, à 20 heures, alors que nous nous trouvions plus au sud, par vent de force sept à huit et mer forte, j'étais soucieux. Il me semblait que bien des dangers nous restaient à découvrir. J'allais me coucher ce soir-là en donnant des consignes qui n'avaient pas grand-chose à voir avec la pêche : bien veiller aux cailloux isolés du Nord, noter les sondes sur les cartes, mettre à la cape si le temps fraîchissait trop, enfin ne pas hésiter à m'appeler si besoin.

Le lendemain nous étions à la cape, les hommes au repos. C'était la grande attente et tous semblaient perdre confiance. Le 15, nous avons remis en pêche à 7 h 30. Quatre traits nuls! C'était à se demander si le chalut fonctionnait. Le 16, la pêche ne donnait toujours rien. Nous étions seuls sur l'océan sans aucun contact radio. Le désert total !

A 23 h 30, excédé, convaincu qu'il n'y avait strictement rien à pêcher dans le coin, j'ai décidé de faire route vers Port aux-Français, le seul établissement que nous ayons aux Kerguelen. Nous avons passé la nuit au large, dans l'est des îles, bien à l'écart. Comme aucun phare n'existe dans cet archipel d'une superficie égale à celle de la Corse, que les fonds ne sont pas bien connus, et que nous étions rigoureusement seuls, nous devions être prudents.

Le 16 au matin, nous avons aperçu la baie du Morbihan, la rade qui s'étend devant Port-aux-Français ; c'est un mouillage assez précaire car il est à l'abri de tous les vents sauf des vents dominants. Sans doute est-ce notre esprit cartésien qui a fait choisir cet endroit à nos ancêtres alors qu'il existe aux Kerguelen des fjords admirablement protégés. En tout cas nous n'avions pas d'autre solution pour faire escale.

Nous devions embarquer du gasoil avec des manches, de simples tuyaux en toile. Un chaland de la base a accosté notre bateau avec une vingtaine d'hommes à son bord. Ils étaient tous hilares : c'était un sacré événement pour eux qui, en temps normal, ne voyaient pas plus de trois bateaux par an. Nous leur apportions du courrier et nous savions mieux que tout le monde sa valeur. Ils étaient là pour six mois, sans la moindre possibilité de s'échapper, ni courrier ni avion. Nous autres terre-neuvas connaissions trop cela pour ne pas comprendre leur joie.

Grâce à l'administration française je dus aller à terre pour prendre possession de ma licence de pêche ; une formalité assez dure à avaler. J'étais capitaine d'un bateau français et il me fallait une licence pour pêcher dans les eaux de mon propre pays.

Je suis venu aux Kerguelen officiellement et au grand jour, déclarant mon arrivée et mon départ, ainsi qu'au kilo près le résultat de ma pêche. En revanche, on n'a jamais su ni cherché à savoir combien de bateaux russes venaient par ici, quand ils arrivaient, quand et avec quoi ils repartaient. Le pouvait-on avec deux observateurs pour douze bateaux en 1979 et deux pour trois par la suite ?

Je me sens humilié mais j'ai aussi envie de demander des comptes. Mais à qui ? Il paraît qu'ici on n'a même pas affaire aux gens qui nous gouvernent mais à l'administration, ou plus exactement à un État dans l'État, l'administration des terres Australes et Antarctiques françaises. Elle n'a pas été fondée par Louis XV mais Paris s'en moque tout autant que le Bien-Aimé se désintéressait des arpents de terre gelée du Québec.

Le capitaine Barbarin me raconta qu'il était parti à la pêche à la langouste du côté de Saint-Paul ou d'Amsterdam, je ne sais plus laquelle de ces deux autres possessions françaises de l'océan Indien, et qu'il était tombé sur un bateau de braconniers formosans d'autant moins décidés à partir qu'ils étaient armés. Par chance, un bâtiment de la Royale se trouvait dans les parages ; il s'en fut donc demander aide aux militaires. Que croyez-vous qu'il arriva ? On lui demanda de montrer sa licence de pêche mais on se garda bien de poursuivre les braconniers.

Bref, j'étais de fort méchante humeur à l'idée d'aller chercher ma licence de pêche à Port-aux-Français. J'étais également très inquiet, angoissé même, à l'idée d'aller à terre.

Sur les Kerguelen, la faune est beaucoup plus riche que la flore, car ce territoire volcanique, battu par les vents, ne laisse pas pousser grand-chose hormis quelques mousses, de l'herbe drue et des buissons. On dit même qu'il n'y pousse pas un seul arbre.

La faune possède deux espèces reines : les éléphants de

mer et les manchots. Je n'ai rien contre les premiers car il n'y a guère que l'escargot qu'ils puissent rattraper à la course. Quant aux manchots, ils ne sont que volaille ! D'autres animaux ont été introduits par l'homme, notamment par les pêcheurs de baleines qui ont fréquenté ces parages jusqu'à la Première Guerre mondiale, puis par les gens de l'établissement de Port-aux-Français. Des mouflons et des moutons ont été amenés là pour vivre seuls, à l'état sauvage, et constituer des réserves de vivres. Sur certaines îles, on trouve aussi, en grand nombre, des chats revenus à l'état sauvage.

Mais aux Kerguelen, pullule l'animal le plus redouté du marin pêcheur. Cet animal est tellement effrayant que nous n'osons même pas prononcer son nom. Pour le désigner, nous parlons plutôt de « la bête », ou du « coursier des prairies », ou encore de « longues oreilles ». Son nom est banni des chalutiers car il est synonyme de malheur. A plus forte raison, l'animal est-il lui même rigoureusement interdit à bord, même sous forme de conserves ou de civet. Ne comptez pas sur moi pour le nommer ici.

La dernière fois que j'ai eu affaire à cet animal, c'était sur la côte d'Afrique. Des caisses en avaient été embarquées à mon insu. En l'apprenant, j'avais dit :

— Mangeons-les pendant la traversée, au moins nous serons tranquilles en pêche.

Il est vrai que, rôti avec une sauce à la moutarde, c'est plus que convenable. Moi qui n'en avais pas mangé depuis des années, je n'aurais pas dû avoir cette faiblesse et j'aurais dû les faire jeter à la mer. Quelques heures après, un homme se faisait broyer la jambe.

Cette croyance, ou cette superstition, remonterait au XVIe siècle. Selon la légende, des marins avaient embarqué des « grandes oreilles » vivants pour avoir de quoi améliorer de temps en temps l'ordinaire. Ils avaient oublié qu'il s'agissait d'un rongeur capable de s'attaquer à la membrure du navire. Le voilier a fait naufrage et l'on raconte qu'il ne fut pas la seule victime de cet animal. De siècle en siècle, nous avons trouvé de multiples raisons de n'accorder aucune confiance aux « grandes oreilles ».

Contraint et forcé, je suis allé à terre. Nous avons d'abord rencontré des éléphants de mer. Il y en avait de chaque côté de la cale, dont un énorme mâle qui devait peser plus d'une tonne. Puis ce fut la catastrophe : de tous côtés les grandes oreilles affluaient ; ils étaient partout, couraient dans tous les sens, les plus près à moins de trois mètres. J'en étais malade, je savais que le voyage était foutu.

De baraquement en baraquement, nous sommes arrivés devant la capitale administrative de l'archipel, la maison du disker, le chef de district, le patron de l'île qui était venu nous accueillir à la cale. Surpris par le confort, j'ai réalisé ensuite que c'était bien la moindre compensation de la solitude. Après un bon café il m'a remis ma licence et nous sommes partis sur une grève visiter une colonie d'éléphants de mer. C'était la saison des amours, et là, au milieu d'une cinquantaine de femelles trônait un mâle. Deux autres plus jeunes se tenaient éloignés avec des blessures apparentes. Prétendants au troupeau, ils avaient été vaincus et guettaient maintenant une défaillance du maître des lieux.

Le temps a fraîchi et il nous a fallu lever l'ancre sans tarder. Nous avons mis le cap sur l'île Heard, possession australienne au sud-est des Kerguelen. En vertu de la loi des deux cents milles, un morceau de son plateau continental est possession française. Là, nous avons viré trois tonnes de rascasses des Kerguelen, sans aucune détection préalable, ce qui était bizarre. Ensuite, quatre ou cinq tonnes, mais après trois traits nuls et toujours sans aucune détection. Devant la médiocrité et l'incohérence des résultats, j'ai pris la décision de rejoindre les Kerguelen, mais ce ne fut qu'un nouvel échec total jusqu'à ce qu'arrive le moment de faire nos essais sur le krill.

Le 27 au matin, nous étions revenus en rade de Port-aux-Français pour y prendre livraison de quarante-trois moutons vivants. L'embarquement par le chaland fut difficile, mais dans la soirée ils étaient tous tués et dépecés, à la grande joie de mon chien Lama et à la surprise du singe Jojo.

C'était un apport appréciable de viande fraîche. Les moutons des Kerguelen sont répartis sur trois îles différentes pour éviter les épidémies. La plus grande, l'île Longue, habitée par les trois quarts du cheptel, est coupée en deux. Les moutons en occupent une partie pendant six mois et sont passés dans l'autre moitié pendant le reste de l'année. Au passage ils sont tondus et recensés.

Avec le vent, aucun arbre n'arrive à pousser et quelques plantes seulement résistent au climat, comme les choux des Kerguelen qui constituent la nourriture favorite des « grandes oreilles » lorsque ces derniers ne sont pas attaqués par les centaines de chats, qui pullulent à tel point que le chef de district remet un film couleurs gratuit pour cinq queues de chat.

Un chalutier russe, le *Ritsa,* était mouillé plus à l'ouest. Son commandant nous a fait transmettre une invitation par la base et je m'y suis rendu en compagnie de quelques scientifiques. Nous avons ainsi découvert une petite embarcation soviétique assez spectaculaire : un couvercle se referme qui la rend totalement insubmersible. Nous ne pouvions rien voir du paysage et c'est au bruit que nous avons su que nous accostions. Nous avons alors eu la sensation d'être emportés vers le ciel. Tout s'est arrêté et le toit s'est ouvert : nous étions à bord du *Ritsa,* l'eau quinze mètres plus bas. Caviar et vodka, la tradition fut respectée puis, par l'intermédiaire des interprètes, nous avons pu en savoir davantage. Le *Ritsa* était le premier arrivé de la flottille soviétique et n'attendait pas de poisson avant le 15 novembre, comme les années précédentes.

Nous avions ainsi la preuve que nous avions été bernés dès le départ. Les statistiques de pêche communiquées par les Soviétiques étaient complètement fausses. Je calculai que, s'il y avait du poisson à partir du 15, il nous faudrait pêcher très vite car nous devions impérativement rejoindre la Réunion le 27 novembre et donc mettre en route au plus tard le 21. Dans le meilleur des cas, il ne nous restait qu'une semaine de pêche intéressante. Comment sauver un voyage en une semaine ? J'étais complètement écœuré.

Je le fus davantage encore quand le capitaine russe me montra ses cartes du secteur. Elles étaient très détaillées et les plans de pêche formidables. Je ne possédais qu'une carte routière, la seule existant pour cette partie océanique française. J'étais abasourdi. Des gens pêchaient ici depuis dix ans et la France n'avait reçu aucune documentation nautique !

Nous avons rejoint notre bord, laissant le biologiste du Muséum qui devait embarquer en compagnie d'un homme de la base comme observateur sur un chalutier russe. Nous avions également visité l'usine du russe qui n'avait pratiquement pas de machines à traiter le poisson mais disposait d'une installation capable d'absorber cent vingt tonnes de krill par jour.

Nous avons continué notre prospection pendant six jours, sans résultat intéressant sur le plan de la pêche. En revanche, nous avons fait d'énormes progrès en hydrographie, étudié les formes du plateau continental sur tous les côtés de l'archipel. L'Ouest restait à découvrir, mais nous devions auparavant faire un essai de pêche au krill.

Le temps était presque toujours aussi mauvais, l'anémomètre bien souvent bloqué à son maximum tandis que sur dix bulletins météo de la base, un seul était juste. J'avais trouvé un indicateur beaucoup plus valable : quand nous étions suivis d'une multitude d'albatros, criant et plongeant à qui mieux mieux, nous pouvions nous attendre à des vents énormes. Ils atteignaient souvent des vitesses de cent cinquante à cent quatre-vingts kilomètres à l'heure. Heureusement, la houle avait rarement le temps de se former et la mer n'était pas forte en proportion. Quant au baromètre, il n'avait pas le temps de varier car les dépressions se succédaient sans arrêt.

Le 4 novembre, nous fîmes route vers le sud; le 5, nous croisions les premières glaces. Après en avoir vu des milliers dans l'Arctique, je découvrais celles de l'Antarctique. Nous avons été obligés de diminuer l'allure et la recherche du krill a commencé. Le 7, au large de la Terre Enderby, notre sondeur en couleurs nous indiquait la première concentration, les scientifiques étaient formels.

Quand nous avons filé le chalut, la tache avait disparu, mais tout semblait bien fonctionner. Nous avons traîné entre dix et cent mètres de la surface, un peu au hasard, mais en vain. Le lendemain, vers 9 heures, le chalut est entré dans deux taches. Quand il est arrivé le long du bord, il a éclaté. La poche n'était pas assez résistante et nous n'avons pu sauver qu'une dizaine de kilos. L'essai suivant se passa de la même façon mais nous récupérâmes quatre cents kilos. Le maillage du chalut était tellement petit que nous embarquions presque autant d'eau que de krill. Avec le poids de l'eau, tout foutait le camp!

Finalement, nous avons fait route vers le nord avec six tonnes de krill et un blessé à bord qui avait un trou dans la tête et devait être hospitalisé le plus tôt possible. Quant au krill, il n'était pas nécessaire d'en pêcher davantage car nous avions largement de quoi faire toutes sortes d'essais de transformation : cuit, cru ou en pulpe.

Nous avons longé la banquise dans le mauvais temps par une température de deux à moins trois degrés. Les glaces étaient éparses et la visibilité médiocre à cause de la neige. Le 9 novembre un télégramme m'a rappelé mon anniversaire et la cuisine m'a confirmé la chose par un superbe gâteau.

Il n'était pas facile de communiquer avec la France par radio car nous ne pouvions obtenir Saint-Lys que deux heures par jour, et souvent avec de très mauvaises conditions d'écoute. Ce voyage avait apporté une nouveauté dans le travail des radios : ils n'avaient plus de problèmes de codes, mais les appareils complexes étaient plus nombreux et ils passaient leur temps à essayer d'établir la liaison avec Saint-Lys. Presque tous les hommes voulaient téléphoner chez eux malgré le coût élevé des communications. Au départ, nous avions cependant obtenu des T.A.A.F. que les hommes pourraient envoyer et recevoir un message chaque semaine par l'intermédiaire de la base de Port-aux-Français qui avait des moyens plus puissants que les nôtres.

Le 10, nous étions à la cape avec des vents du nord de force huit à dix. Le blessé se plaignait de douleurs intercostales; il avait fait une chute de deux mètres dans la machine. Enfin le 14 nous avons atteint Port-aux-Français. Le temps était trop mauvais pour que le chaland de la base puisse appareiller et nous avons dû recourir au dinghy pour débarquer le blessé et trois malades. Après vingt-quatre heures d'attente, ce fut le tour de monsieur Duchêne qui devait partir comme observateur sur un chalutier russe.

La base nous a donné la position de la flottille soviétique à l'ouest des Kerguelen et nous sommes allés dans cette direction avec l'intention de vérifier les dires de notre collègue du *Ritsa*, et de voir si le poisson était au rendez-vous du 15 novembre.

Ce jour-là, à 7 h 30, nous avons mis en pêche en compagnie de trois soviétiques. Le premier coup de chalut, malgré une bonne détection, ne nous rapporta qu'une demi-pale. Puis la pêche augmenta pour donner six pales au trait. Nous connaissions enfin ce fameux poisson des glaces, un beau poisson long et rond que nous goûtions à toutes les sauces. Grillé c'était un délice.

Le poisson des glaces, long de vingt-cinq à trente centimètres, est zébré comme le brochet ou la perche de nos rivières mais ne possède qu'une arête principale. Il croque sous la dent et sa chair a la blancheur et le goût de la sole.

Les renseignements que nous communiquaient les observateurs embarqués sur les navires soviétiques étaient précieux. Les Russes se tenaient à une vingtaine de milles de la côte, à l'est par rapport à nous. Je comprenais mieux leur tactique : à plusieurs navires la localisation du poisson était plus facile et la sécurité mieux assurée. En effet, avec les vents qui règnent sur ces côtes, il suffisait d'une avarie de machine, qu'un chalut ou qu'un filin bloque l'hélice, pour que les vents vous poussent en une heure ou deux sur les récifs.

L'usine tournait à plein. Les hommes avaient repris confiance. Jusqu'à Jojo, le singe, qui était fou de joie. Il adorait se cacher dans l'usine et sauter sur les épaules de Guy Dezeustre qui n'appréciait pas particulièrement ces marques d'amitié. Tout allait donc pour le mieux, mais malgré la pêche qui avait enfin commencé, il fallait songer à rentrer. La loi en effet ne nous permet pas de rester plus de cent trente-cinq jours en mer et il nous faudrait bien un mois pour rejoindre la France.

C'est avec consternation que j'ai dû donner l'ordre de rentrer le chalut et de mettre le cap sur Port-aux-Français, nous venions de virer un beau trait de quinze tonnes. Le 20 novembre, au petit jour, nous entrions dans la baie du Morbihan pour récupérer malades et blessés. J'ai pu alors constater à quel point ce havre était mal choisi. Nous n'avons pu faire mouvement vers la base tellement la mer était furieuse et nous avons dû passer la nuit ainsi.

Au matin, nous avons eu la surprise de voir un navire de guerre français, l'aviso *Doudart-de-Lagrée,* se diriger vers nous. Son autonomie ne lui permettait pas de passer plus de vingt-quatre heures sur place, mais il avait du courrier pour nous et aussi quelques gâteries en provenance d'Australie.

Le courrier, le premier depuis notre passage à Cape Town, début octobre, nous a rendu le sourire. A 9 heures, la mer est brutalement tombée, le chaland a pu nous renvoyer les quatre hommes, et vingt minutes plus tard nous avions levé l'ancre. Après quelques zigzags pour échapper aux cailloux, nous mettions le cap sur la Réunion.

Nous devions perdre le moins de temps possible pour arriver en France dans les délais, mais beaucoup de travail m'attendait à la Réunion, ne serait-ce que pour rendre compte de notre voyage expérimental. Le bateau ne pouvait patienter pendant quatre jours, aussi fut-il décidé que je rentrerais par avion.

La livraison a commencé à 7 heures du matin. Les gens, qui étaient accueillants et gentils, nous appelaient les « zoreilles », ce qui nous changeait de Saint-Pierre où nous étions les « mayous ». Les journaux avaient beaucoup parlé de notre expédition ; les conférences de presse et les réceptions étaient inévitables. Le grand raout eut lieu juste avant l'appareillage du *Jutland,* toutes les autorités locales présentes, avec punch et amuse-gueule. J'avais été de corvée tout l'après-midi pour faire visiter le bateau.

La première réunion de travail eut lieu le lendemain, à la préfecture, avec tous les scientifiques et le représentant de l'armement. Je n'étais pas très fier de ramener si peu de poissons des mers Australes. Il n'y avait que cent quarante-cinq tonnes dans les cales, dont cent avaient été pêchées les cinq derniers jours. Avec les trois cents tonnes de merlus pêchées sur la côte d'Afrique, le bateau arriverait à Bordeaux chargé de quatre cent cinquante tonnes de produits finis. Tout compte fait ce n'était pas si mal.

Les oiseaux faisaient leurs nids

Le 16 janvier 1980, nous quittions de nouveau Bordeaux pour Terre-Neuve en ayant reçu de bonnes nouvelles du *Finlande* qui était déjà en pêche. Inutile de dire que, dans ces cas-là, le temps presse pour l'armement, le capitaine et l'équipage.

Quelques jours avant le départ, j'eus la surprise d'être appelé au téléphone par l'un des matelots :

— Capitaine, est-ce qu'Untel sera à bord ?

Ce nom ne me disait rien, mais j'allais consulter la liste d'équipage. Il n'y figurait pas et j'en informai donc mon interlocuteur.

— Vous devez vous demander, capitaine, pourquoi je vous ai posé cette question. C'est parce qu'il est parti avec ma femme, alors naviguer ensemble, vous comprenez, ce n'est pas possible.

Je comprenais en effet et me disais que fort heureusement les cas de ce genre sont rarissimes dans notre métier. Car nombreuses sont les épouses qui savent rester fidèles au poste, supportant seules la totalité des soucis domestiques. Elles bénéficient parfois de tout un environnement familial et amical, mais c'est de plus en plus rare. Il est loin le temps où les femmes de marins formaient dans notre région malouine une véritable communauté soudée et solidaire.

La pêche avait été bonne puisque le 31 mars nous avions huit cents tonnes de filets de cabillaud à bord et que nous devions en livrer quatre cents à Saint-Pierre pour faire de la place.

Pendant que nous terminions cette fructueuse campagne à Terre-Neuve, l'armement ne perdait pas son temps. En accord avec les T.A.A.F., il envoyait deux observateurs sur les bateaux russes en pêche aux Kerguelen, pendant la période jugée la plus intéressante. Gens du métier, ils rapportèrent une extraordinaire moisson de renseignements aussi bien sur les dates d'arrivée des Russes aux Kerguelen que sur les gréements employés. L'un deux, Pierre Bletterie, le frère de ma femme, était lieutenant. Il est aujourd'hui capitaine sur le *Bretagne,* chalutier armé à Saint-Pierre.

Les Soviétiques étaient en effet contraints de remplir des carnets de pêche et d'accepter les observateurs. Trois bateaux étaient contrôlés correctement quand sept ne l'étaient pas du tout. Que n'avaient-ils adopté la fermeté et l'efficacité des Canadiens ?

Toutes les données fournies devaient cependant nous permettre d'élaborer des projets cohérents et de penser à un montage financier. Il fallait aussi trouver des aides pour diminuer les risques. Mais cela n'était pas ma partie. Moi, on me demandait de pêcher les poissons, pas les subventions !

En novembre 1980, je suis reparti pour Terre-Neuve, mais pas sur le bon vieux *Jutland.* Il avait été vendu et, comme tout capitaine, j'en ai ressenti une grande peine. La flotte bordelaise perdait une superbe unité. Mais la jungle financière est parfois inexorable. Toujours est-il qu'en pêche sur le *Finlande,* pourtant son frère jumeau, j'ai connu quelques périodes d'hésitation. Pour les pêcheurs, les bateaux sont comme les femmes : ce qui plaît à l'un ne plaît pas forcément à l'autre. Si le matériel que vous donnez à un chalutier lui convient, vous avez réussi sa conquête. C'est le vrai mariage d'amour. Dans le cas contraire, le divorce est inévitable. Quant au chalut, ce n'est pas un sac à patates. Il faut qu'il soit réglé à la perfection. Si la pêche n'est pas une science exacte, le montage du chalut doit se faire avec une rigueur absolue.

D'emblée, nous avons pensé avoir réussi la conquête du *Finlande.* Il est vrai qu'il portait le même nom que le bateau qui m'avait vu débuter. Pour moi, c'était un signe. Les coups de chalut étaient extraordinaires. Les Kerguelen nous avaient peut-être endurcis, en tout cas nous forcions le temps et nous travaillions à la limite du raisonnable. Le *Zélande,* autre bateau de la compagnie commandé par mon vieux copain Adolphe, travaillait avec nous.

Avec Francis, mon ami d'enfance, chef mécanicien, et Roger Guillou le radio, nous formions un très bon trio. Toujours calmes, ces amis franchissaient tous les obstacles avec une facilité déconcertante. Je crois qu'ils tempéraient parfaitement mon caractère nerveux, voire impulsif. En grande partie grâce à eux, tout baignait dans l'huile malgré les tempêtes incessantes.

Comme aucune amélioration du temps n'était prévue, nous n'avions pas le choix pour conquérir dame Morue. Roulis, tangage, coups de chalut gigantesques, les hommes étaient épuisés. Dans ces conditions, les avaries étaient inévitables et les servitudes terribles pour les équipes de virage. Parfois, un gilet gonflable éclatait dans les paquets de mer et l'homme devenait alors un bonhomme Michelin, mais il était heureux de constater que le gilet lui aurait sauvé la vie s'il était tombé à l'eau.

J'avais un autre souci, au point d'en perdre le sommeil. Que diraient les Canadiens s'ils nous prenaient avec du poisson interdit ? En effet, nous profitions de ce temps pourri pour pêcher au large de Saint-Pierre-et-Miquelon dans une zone revendiquée à la fois par la France et le Canada. Les Canadiens se sont réservé le droit d'y contrôler les captures et ils nous délivrent une licence pour avoir le droit d'y pêcher. Certes ils se sont montrés assez cléments pour cette zone qui sent fortement le pétrole. Et après tout, devant Saint-Pierre, ne sommes-nous pas chez nous ?

En conséquence de ce rythme infernal nous avons dû faire escale à Saint-Pierre la veille de Noël pour y déposer un blessé et deux hommes gravement atteints de dépression. J'ai fait par hasard connaissance avec les gens de la télévision locale qui nous ont invités à réveillonner dans leur studio pour y être les vedettes d'une soirée. L'idée était sympathique. Les hommes les plus nantis d'enfants eurent même le droit de téléphoner chez eux, aux frais de FR 3, mais bien sûr en direct, ce qui était un peu dur, même si l'intention était bonne.

Le 25 décembre, à 3 heures du matin, nous étions à nouveau en pêche. Sur un coup de roulis, le chalut fauchait deux hommes dont l'un eut le pied très enflé au bout de quelques heures. A 8 heures, nous remettions en route sur Saint-Pierre pour le faire soigner. A midi, nous le posions sur de solides épaules pour qu'il puisse arriver jusqu'au réfectoire et déjeuner avec nous. Des coquilles Saint-Jacques récupérées dans le chalut améliorèrent l'ordinaire. A 16 h 30, nous entrions sur rade et nous débarquions le blessé à bord du bateau pilote.

Chacun, ce jour-là, avait ses pensées à la maison, néanmoins la pêche a tout de suite repris ses droits. Le 31 décembre, nous avons mis à la cape à 22 heures. Il y avait bien un peu de détection mais le réveillon est sacré. Quand nous avons remis en pêche, à 3 h 20, pas un seul homme n'avait bu au point d'en être dérangé, ce qui me rassura, car j'étais un peu inquiet devant les perspectives d'un réveillon sur les bancs.

Le 1er janvier le *Zélande* nous a rapporté le courrier qu'il avait pris à Saint-Pierre. Le lendemain nous pêchions cent-vingt tonnes de vif. Il est difficile d'imaginer ce que cela représente : une montagne. Le 3 janvier, nous virions en catastrophe car la mer devenait énorme. Nous allions mettre à la cape mais, quand nous avons ouvert la trappe à l'arrière du bateau pour envoyer le poisson dans l'usine, des tonnes d'eau ont embarqué.

Ce fut une belle pagaille. Les madriers retenant le poisson avaient littéralement explosé. Le poisson et l'eau avaient tout envahi. Par endroits, il y avait plus d'un mètre d'eau. De la passerelle, j'essayai de faire venir le bateau au vent mais il réagissait mal à cause du poids embarqué. Très lentement nous sommes venus bout à la lame. Nous étions sauvés. Dans l'usine, le premier lieutenant a pu organiser la retenue du poisson et l'évacuation de l'eau. Les pompes absorbaient bien. Il ne restait plus qu'à panser les plaies.

Le 5, l'*Islande* nous a amené trois hommes destinés à remplacer ceux que nous avions débarqués. La mer était si mauvaise qu'il fallut attendre le lendemain pour faire passer leurs bagages. Le 10 janvier, à Saint-Pierre, nous nous sommes délestés de six cent cinquante tonnes pour pouvoir poursuivre la pêche.

Quand nous avons rallié Bordeaux après cent dix-huit jours de campagne, nous avions livré mille trois cent soixante-quatre tonnes de produits finis et deux cent cinquante de farine, ce qui représente quatre mille tonnes de vif. Les hommes étaient exténués. Nous avons réalisé un chiffre de vente phénoménal pour l'époque : un milliard six cents millions de centimes.

Pour moi, ce furent ensuite des vacances bien méritées. Je ne les occupais pas en allant taquiner le goujon ou le maquereau mais plutôt à jouer dans l'herbe avec mon chien. La nature me manque tant à bord ! Ces vacances furent d'autant plus formidables que c'était peut-être la troisième fois en trente ans que je passais Pâques à la maison. Je pouvais voir des arbres en fleurs, des oiseaux faire leurs nids, mille merveilles que je n'avais pas eu l'occasion d'observer depuis ma petite enfance.

Tu ne reverras jamais ta mère

Retour aux Kerguelen en 1981. Mais ce n'était plus le grand saut dans l'inconnu. Nous possédions l'expérience de 1979 et surtout les précieux renseignements recueillis par nos observateurs. Pour cette deuxième campagne, l'armement me confia le *Zélande,* une belle unité semblable au *Jutland* mais plus jeune d'un an.

Nous avons appareillé le 30 avril avec cinquante-six hommes d'équipage et nous sommes passés par Suez pour atteindre la Réunion le 20 mai. Nous étions épuisés car la chaleur avait été terrible, contre laquelle nous ne disposions d'aucun équipement pour lutter pendant la traversée de la mer Rouge, du golfe d'Aden puis de l'équateur. Il faisait si chaud la nuit que les gars traînaient leur matelas sur le gaillard, sous le treuil, à la recherche d'un peu de fraîcheur. Dans les cabines, la température atteignait trente-huit degrés, tandis que dans la salle des machines le thermomètre était bloqué à cinquante. A Saint-Denis, nous avons embarqué un novice réunionnais, Gilbert Simitambe, seul noir parmi les blancs. Après trois jours de mal de mer, il s'est fort bien acclimaté. Puis nous avons retrouvé le froid avec les quarantièmes rugissants.

Le 29 mai : escale à Port-aux-Français pour livrer dix-sept sacs postaux et du matériel. J'ai prétexté un mal au genou intolérable pour ne pas aller à terre chercher ma licence. Je ne voulais pas, comme en 1979, courir le risque de rencontrer des « grandes oreilles » et de compromettre ma campagne. Je ne sais si le chef de district a été dupe. En tout cas, il a eu la gentillesse de m'apporter à bord le précieux document.

Nous avons également embarqué un gendarme maritime qui était chargé de surveiller la zone économique des Kerguelen. Pour cette importante mission on lui avait attribué une arme réglementaire : un fusil et seize cartouches! Comme était prévue l'arrivée de sept chalutiers russes, je n'ai pas pu résister à la tentation de me moquer de lui :

— S'il vous faut arraisonner les Russes, cela vous fera deux cartouches par bateau, ne les gaspillez pas!

Au-delà de la plaisanterie, l'anecdote montre avec quel sérieux la France gérait, à cette époque, un territoire de pêche qui peut représenter pour l'avenir l'un de ses principaux atouts économiques. Depuis, un patrouilleur, l'*Albatros*, surveille par intermittence la zone des Kerguelen.

Nous avons mis en pêche le 29 mai à 16 h 30. Dans ces parages, la fréquence des dépressions est très élevée. A peine le temps de le dire, et la mer s'est creusée jusqu'à dix mètres. C'était un gros temps de sud, de force huit à dix. Nous avons mis à la cape et n'avons repris la pêche que le 2 juin. Cette fois, nous étions à la recherche d'une autre espèce migratrice que nous appelons le colin des Kerguelen. Nous étions sur les sondes traditionnelles des soviétiques. Je le savais de source sûre par mon beau-frère Pierre Bletterie, qui avait été observateur sur leurs bateaux et participait à la campagne.

Jusqu'au 5 juin, les résultats furent médiocres. Par la

suite, la pêche a donné raisonnablement jusqu'au 10 juin. A bord, nous avions quarante et une tonnes de filets.

Un mystère persistait pourtant : les appareils de détection demeuraient inexorablement muets, même notre dernier venu, le sondeur en couleurs mis au point par les Japonais. Nous étions perplexes et, sur les bateaux russes, Pierrot n'avait pas davantage observé de détections.

Nous mîmes quelque temps à trouver la clé de l'énigme : le colin des Kerguelen est pourvu d'écailles énormes et ne possède pas de vessie natatoire, ce qui le rend indétectable par nos appareils.

Cette particularité m'obligeait à revenir à des méthodes ancestrales, qui se pratiquaient quand j'avais débuté à la passerelle en 1959 : en quadrillant les fonds on arrivait à cerner le poisson.

Un scientifique de l'I.S.T.P.M. de Nantes, Jean-Pierre Nicolle, devait nous rejoindre en cours de campagne. Ses études ont montré qu'il fallait appliquer au colin des Kerguelen un coefficient 6, ce qui signifie qu'on obtient en produits finis le sixième du poids vif. Ce colin est donc infiniment moins avantageux que la morue à laquelle nous appliquons un coefficient de 3,2.

Le 11 juin, nous avons viré onze pales, soit soixante-cinq tonnes. Mais l'usine n'arrivait pas à suivre et nous dûmes mettre à la cholle. Cet engorgement se produisit trente-six fois durant le voyage car l'usine n'était pas assez performante. Les plus gros traits embarqués pouvaient atteindre cent tonnes et, dans ce cas, le chalut plein à craquer ne pouvait monter complètement sur le pont. Il fallait alors sacrifier plusieurs tonnes dans la rampe, à l'arrière du bateau. Nous coupions l'extrémité de la chaussette géante à l'aide d'une gaffe sur laquelle était fixé un poignard. Le chalut laissait partir ses captures par l'arrière. J'étais comme fou, après toutes nos misères, il fallait sacrifier du poisson!

Il arrivait aussi que le mauvais temps nous oblige à stopper. Cela n'était jamais très grave, car la production était tellement importante que l'usine ne manquait jamais de matière première. Sur quatre machines, une seule fonctionnait, deux dans le meilleur des cas. J'ai lancé un S.O.S. à l'armement : il me fallait absolument un spécialiste qui me débloque l'usine. Les télex se succédaient. Au lieu de produire trente-cinq tonnes de produits finis par jour, nous plafonnions à vingt.

Finalement, on m'envoya le meilleur spécialiste de la firme Baader, monsieur Tejero, un technicien d'origine espagnole. Il n'arriva que le 7 juillet. Le bateau, en l'attendant, devait connaître huit jours et vingt-trois heures d'engorgement.

Sitôt arrivé à bord, sans même prendre la peine de se changer, en petites chaussures de ville, Tejero s'est occupé de la machine pour laquelle il avait traversé la moitié du globe. Il a supprimé quatre petits ressorts : la chaîne qui bloquait toutes les cinq minutes est repartie comme une horloge. Cela redonna du cœur aux hommes d'équipage, car de vingt tonnes, la meilleure production quotidienne, nous étions retombés à quinze.

Le 16 juillet : retour à Port-aux-Français pour embarquer un scientifique, Jean-Pierre Nicolle et un journaliste, Pierre Cherruau.

Le 18 juillet, la pêche avait diminué très sérieusement. Le colin des Kerguelen avait repris sa mystérieuse migration et déserté les bancs. Il fallait songer à rentrer. Après soixante jours sur zone, le temps convenu pour obtenir la subvention, nous avons repris la route de la France avec un bilan très bon.

Nous rapportions sept cents tonnes de produits finis,

essentiellement des filets de colin des Kerguelen, mais aussi vingt-six tonnes d'œufs de très belle apparence avec lesquels notre cuisinier nous préparait des entrées fabuleuses. Ce produit est aujourd'hui commercialisé sous le nom de Keraviar. Au total, nous avions pris trois mille six cents tonnes de vif.

Comment seraient accueillis ces nouveaux produits ? Notre rémunération en dépendait et nous avions trimé beaucoup plus que d'habitude, à cause des faiblesses de l'usine, du mauvais temps et de la longueur du voyage; nous ne voulions pas que ce fût pour rien. C'est pourtant à peu près ce qui se passa. Politique de lancement à bas prix pour faire connaître le produit, méfiance des industriels et des consommateurs, difficultés d'accommodement de notre colin trop gras, nous n'avons pas fait fortune à ce voyage.

Nous venions d'amorcer le retour quand ma femme m'annonça que ma mère venait d'avoir un infarctus. Il y avait peu d'espoir. Pour moi, c'était un coup terrible. J'adorais et je vénérais ma mère. Inquiète de nature, elle suivait, je le savais, mes résultats à l'autre bout du monde. Ils étaient bons et ce fut sa dernière satisfaction.

Quand nous avons touché la Réunion, le 3 août, j'ai pu téléphoner à ma femme. Elle me dit :

— Si tu ne débarques pas tout de suite, tu ne reverras jamais ta mère.

J'avais le feu vert de l'armement et mon second, André, était parfaitement capable de ramener le bateau, il l'avait déjà prouvé. Mais je ne me sentais pas le courage d'abandonner mon équipage. Déjà en 1979, lorsque j'étais resté à la Réunion pour participer à des séances de travail, les hommes n'avaient ni compris ni apprécié.

J'ai convoqué les deux délégués de l'équipage et les ai

mis au courant de ma situation. Je faisais le choix de rester jusqu'à Boulogne en espérant n'avoir pas à le regretter.

Le novice réunionnais vint me voir pour me demander de rester avec nous jusqu'à Boulogne mais l'armement refusa. Il dut nous quitter à la dernière minute et le fit en pleurant. J'en fus très touché. Trois passagers nous quittaient également, Nicolle, Tejero et Cherruau.

Au retour, la chaleur devait de nouveau nous faire souffrir. Le 15 août, dans la mer Rouge, j'appris le décès de ma mère et le lendemain je pus débarquer à Suez et prendre l'avion pour arriver, la veille de l'enterrement, auprès de ma famille.

Ainsi s'est terminé un voyage dont je me souviendrai longtemps. Nos résultats avaient eu un impact considérable dans les médias. Des reportages furent publiés dans *La Voix du Nord, Ouest-France, Sud-Ouest, Le Marin* et *Le Monde.* Je ne cite que les plus importants et j'en oublie beaucoup. L'un d'eux titrait même : « *Les Kerguelen, un nouvel Eldorado pour la grande pêche française ?* »

J'ai pris plusieurs mois de repos mais l'armement, de son côté, ne restait pas inactif et nous étions en contact permanent. Pour envisager une exploitation à long terme des Kerguelen, il fallait évidemment étudier l'emploi de nouvelles machines et donc des investissements importants. Je n'entrerai pas dans le détail, mais le bateau était bien gréé lorsqu'il a repris la route des Kerguelen, le 29 avril 1982. L'armement avait mis le paquet. L'équipage devait encore une fois souffrir cruellement de la chaleur mais nous avions la promesse que quelque chose serait fait si nous devions exploiter notre bateau de façon continue dans l'hémisphère Sud. Quand nous avons touché la Réunion, le 21 mai, nous étions fourbus et excédés par la chaleur. Nous avons embarqué cinq Réunionnais (un aide de cuisine, un matelot et trois novices) ainsi que deux passagers pour Port-aux-Français et fait le plein de gasoil et de vivres frais.

Le 28, nous étions devant Port-aux-Français. Nous débarquions les passagers, le matériel et le courrier sur le chaland de la base qui était armé par une vingtaine d'hommes chantant à tue-tête. L'accueil était délirant. Certains étaient complètement tondus, les autres n'avaient gardé leurs cheveux que sur un côté de la tête.

Nous avons embarqué un observateur. Eh oui, on plaçait un observateur sur notre bateau alors qu'il n'y en avait pas assez pour les chalutiers russes ! Autrement dit, nous étions davantage surveillés que les étrangers. Pour un citoyen et contribuable, la chose était difficile à admettre. Je n'avais pas de raison d'en vouloir à cet homme qui était à bord, mais je me jurais de ne pas mâcher mes mots en temps voulu.

Nous dûmes faire une deuxième escale le 2 juin pour faire ausculter un ramendeur et prendre le courrier que nous amenait le *Sydero.* Sur les lieux de pêche, le poisson des glaces abondait, mais nous n'étions pas équipés pour le traiter. Nous cherchions le colin et nous ne le trouvâmes que deux jours plus tard, dans la fosse à Paulette, ainsi baptisée par moi lors de la campagne précédente.

Mais la pêche, trop aléatoire, ne m'inspirait pas confiance, et je ne sentais pas du tout l'atmosphère de l'année précédente. Bien entendu, les sondeurs étaient toujours muets mais, pour une fois que l'usine était à peu près au point !

Troisième escale à Port-aux-Français le 29 juin. Nous fûmes envahis par les gars de la base qui fêtaient le Midwinter, c'est-à-dire la moitié de l'hiver austral. Peut-être en venant à bord avaient-ils un peu l'impression d'échapper à la solitude de leur île. Nous fîmes examiner cinq malades qui avaient des problèmes de bronches et le *Sydero*, qui avait beaucoup moins d'autonomie que nous et devait repartir sur la Réunion, emporta notre courrier.

Sur les lieux de pêche, le mauvais temps régnait en permanence avec des vents de force sept à huit. Heureusement, dans ces parages la mer se creuse beaucoup moins qu'à Terre-Neuve, sinon nous n'aurions presque jamais pu pêcher. Le poisson se faisait de plus en plus rare. Une quatrième escale s'imposa le 14 juillet pour débarquer notre chef ramendeur qui avait des problèmes respiratoires et pour récupérer celui de ses subordonnés que nous avions mis à terre.

Les bateaux soviétiques étaient arrivés sur zone depuis le 1er juillet et, d'après nos observateurs, ils ne se débrouillaient pas mieux que nous. C'était une bien faible consolation ! J'essayais de réfléchir sur ce qui nous était arrivé : le mois de juin avait été satisfaisant mais nous n'avions stoppé que six fois au lieu de trente-six en 1981. Cette fois, les données semblaient très différentes et les fonds me paraissaient appauvris par surexploitation.

Je venais d'apprendre par un observateur que les Soviétiques utilisaient pour leur chalut un maillage de soixante-dix millimètres en diagonale, alors que nous avions prescrit aux autorités de tutelle un maillage de soixante-dix millimètres de côté. Cette prescription avait été souhaitée après concertation entre les pêcheurs et les scientifiques. Elle avait pour but de permettre aux poissons trop petits d'échapper aux mailles du filet et d'assurer la reproduction de l'espèce. Nous voulions préserver les stocks.

Au lieu de cela, les T.A.A.F. laissèrent les Soviétiques choisir le maillage qui leur plaisait. Nous aurions probablement fait la même chose au Canada si nous avions trouvé une inspection aussi bienveillante. Mais dans ces conditions, les fonds ne pouvaient être que ravagés. Nous avions pour notre troisième tentative aux Kerguelen un maillage de cent trente à cent quarante millimètres, soit deux fois plus lâche que celui des Soviétiques. Comprenne qui pourra !

Nous avons profité d'un temps à peine acceptable, entre deux dépressions, pour faire escale une cinquième fois à Port-aux-Français. A 9 h 5, nous étions au mouillage avec quatre maillons pour 30 mètres d'eau, c'est-à-dire environ quatre fois la profondeur en chaîne. Les mouvements du chaland étaient difficiles et nous ne tenions notre mouillage qu'en gardant la machine en avant lentement. C'est dire si ce mouillage était hospitalier ! Comme d'habitude, le vent hurlait dans les infrastructures mais la chose était devenue tellement normale que nous ne l'entendions même plus. Quelques jours plus tôt, il avait soufflé à cent soixante kilomètres à l'heure.

Nous approchions des soixante jours de pêche subventionnés et cela allait de mal en pis par rapport à 1981. Par exemple, les 14, 16 et 17 juin, le chalut avait été plein à craquer et nous avions perdu une centaine de tonnes dans la rampe. A la fin juin, nous étions à peu près dans les tonnages de 1981, mais avec une usine beaucoup plus performante. Le bateau aurait pu absorber beaucoup plus si nous avions pris la même quantité de poisson vif. En juillet, la pêche fut désastreuse : huit tonnes la dernière semaine. Il n'y avait pas de quoi se réjouir !

Territoires à libérer

— Capitaine, une glace à tribord!

— Aperçu!

Depuis plus de vingt ans que je scrute l'horizon, l'instinct et le subconscient agissent d'eux-mêmes. Ce n'est pas cet homme de quart ni cet iceberg qui vont me tirer de ma rêverie.

Je suis justement en train de me dire que, de tous les dangers qui menacent ma profession, les icebergs, la tempête ou l'abordage ne sont sûrement pas les plus pressants. Les plus urgents sont financiers et politiques. L'indifférence nous tuera beaucoup plus sûrement que le plus traître des icebergs dans la brume la plus épaisse.

Nous venons de passer le sud du cap Farewell en direction de la France, au retour d'une campagne à la crevette relativement bonne. Les quotas ont été rapidement atteints et nous transportons deux cent trente tonnes de cet or rose dans nos cales : cinquante mille boîtes de crevettes crues qui seront achetées par les Japonais, cinquante mille boîtes de crevettes cuites qui seront livrées à une chaîne de distribution française. Le reste sera conditionné en boîtes de huit kilos.

Je viens de revoir comme dans un long métrage accéléré tout ce que j'ai vécu et écrit, et je suis en train de me dire qu'une vie n'est pas grand-chose. C'est gros comme une pomme dont il faut d'abord admirer les couleurs, on peut ensuite la lustrer pour qu'elle soit encore plus belle, on peut aussi la croquer à belles dents en prenant bien soin de ne pas aller trop loin pour éviter les pépins. Mais nous, les terre-neuvas, est-ce que nous avons bien pu profiter de notre pomme ? Je n'en suis pas certain. En tout cas, nous devons la manger jusqu'au trognon sans avoir même la possibilité de recracher les pépins.

Que reste-t-il sur notre pomme ? Un petit bout de Terre-Neuve pour le cabillaud, un petit bout de Groenland pour la crevette. Le métier a changé, nous avons dû nous adapter, mais pour combien de temps ? En mai 1986, les accords avec le Canada arriveront à terme. Seront-ils reconduits ou aurons-nous été les derniers terre-neuvas ?

Beaucoup de questions restent pour l'instant sans réponse et je ne peux m'empêcher de penser que nous n'avons pas su mettre tous les atouts de notre côté. Par exemple, en mer de Barents, qu'est-ce qui nous empêchait de faire un échange de quotas avec l'Union soviétique ? C'était d'autant plus facile que les Kerguelen ne sont pas sous tutelle de la Communauté économique européenne. Leur exploitation ne dépend donc que d'un accord bilatéral et non des arcanes bruxelloises. Des barges pétrolières sont bien immatriculées à Port-aux-Français, pourquoi pas des chalutiers ? Je suis persuadé qu'une solution était assez facile à trouver pour peu que quelqu'un ait bien voulu s'en donner la peine.

Quand on pratique un métier aussi dur que le nôtre, on ressent toujours un terrible sentiment de frustration face à une telle négligence des pouvoirs publics et de la collectivité nationale. Je pense aussi qu'on a laissé passer la chance de doter la Réunion d'une industrie qui pouvait lui fournir richesse et emplois. Nous disposons d'une ressource vitale dans l'océan Indien et nous sommes incapables de l'exploiter, nous laissons les chalutiers soviétiques s'y vautrer.

— Bonjour, Lionel, ça va ? Il fait clair. C'est bon ça !

Gérard, mon second, vient prendre la relève à la passerelle. Je lui laisse les consignes et me dirige vers le carré des officiers. L'heure du repas est arrivée. A bord c'est le moment de la grande détente, celui où nous oublions les ingratitudes du métier. On parle de sport ou de l'actualité. Les discussions sur nos concours de pronostics — le Tour de France et le championnat de football ont nos faveurs — vont bon train. Le suspense est parfois intense quand les liaisons avec la terre sont mauvaises. On en profite aussi pour regarder des films à la télévision. Quand nous sommes partis aux Kerguelen, j'avais obtenu de notre président des télévisions couleurs et des magnétoscopes. Les films, achetés pendant nos congés, passent et repassent inlassablement.

Le second mécanicien m'interpelle :

— Capitaine, est-ce que nous allons retourner aux Kerguelen ?

— Il faut être réaliste. La zone où nous avons pêché là-bas est exploitée sept à huit mois par an par les Soviétiques. Que peut-on espérer dans ces conditions ?

— Mais enfin, capitaine, vous n'avez pas réagi !

Et si, j'avais réagi. Je le lui dis et allai même chercher un rapport que j'avais rédigé en 1982. La conclusion de ce document ne laissait place à aucune ambiguïté. Je m'indignais de la surexploitation des fonds et je disais qu'ils devaient même ressembler à de véritables labours.

Je dénonçais aussi le fait que les Soviétiques n'aient à

verser que deux cent cinquante francs par jour quand ils ont un observateur à bord. Nous aurions dû au moins nous aligner sur les tarifs canadiens et mettre deux observateurs par bateau à partir de 1983.

La redevance était de neuf centimes au kilo pour des quotas de trente-cinq mille tonnes en 1981 et 1982. Cela faisait au total une redevance de 3,15 millions de francs, une misère par rapport à l'énorme richesse que nous pourrions en tirer ou même aux redevances que nous versons aux Canadiens. Qui plus est, personne n'a jamais cherché à savoir, et à plus forte raison à prouver, si les Soviétiques ne dépassaient pas les quotas autorisés.

Le 1er juillet 1981, ils n'avaient, semble-t-il, pêché que trente-deux mille des trente-cinq mille tonnes autorisées. Contrairement à tous les usages pratiqués dans le monde de la pêche, le tonnage manquant fut reporté sur les quotas à venir : en 1982, ils auraient le droit d'en prendre trente-huit mille. Comprenne qui peut !

Depuis 1979, année de ma première campagne aux Kerguelen, je n'ai participé qu'à une seule table ronde. Je ne sais si d'autres eurent lieu.

Mon rapport avait été dirigé vers les différentes administrations concernées. Par la suite, je fus convoqué à Paris pour une réunion sur l'avenir des Kerguelen. Les scientifiques et moi-même n'avons pas manqué d'évoquer la délicate question des maillages qui permettait aux Soviétiques de se livrer à un véritable massacre. Nous avons également dénoncé les quotas excessifs qui leur étaient accordés. Il nous fut simplement répondu que l'on n'avait pas attendu notre avis et que de nouveaux quotas avaient été fixés pour les années 1983 et 1984 : vingt-cinq mille tonnes !

En 1984, ils n'ont même pas réussi à pêcher le tonnage alloué. Pire, le chalutier *Austral*, armé à la Réunion, n'avait pu produire plus de six cent cinquante kilos de filets sur trois cent cinquante tonnes de poissons étêtés et vidés. Ce désastre était dû à leur taille : il ne restait plus que des juvéniles.

Comme je l'avais prédit, les stocks des Kerguelen ont été décimés. Il faudra cinq ans, voire dix ans, pour les reconstituer et à condition que tout le monde quitte les lieux. Mais ne semble-t-on pas plus pressé d'en chasser les pêcheurs français ?

J'en veux pour preuve un entrefilet paru dans *Ouest-France* le 6 août 1984. Il annonce le renouvellement de l'accord de pêche franco-soviétique aux Kerguelen. Les quotas sont réduits, ils passent à vingt mille tonnes, et les redevances à cent quatre-vingt-cinq francs la tonne.

Le document franco-soviétique a été signé par le vice-ministre de l'Industrie des pêches de l'U.R.S.S., Nicolaï Koudriavstev, et l'un des responsables du département économique du Quai d'Orsay. Je ne sais si ce haut fonctionnaire avait pris la précaution de consulter les instances dirigeantes de la pêche au ministère de la Mer, mais je ne pense pas qu'une seule d'entre elles aurait eu le courage, ou l'inconscience, de mettre son nom au bas de ce document qui brade une nouvelle fois un territoire dont le rôle devrait être déterminant pour l'avenir de notre pays.

A ce propos, j'ai vu, un jour de 1979, dans le bureau d'un chef de district de Port-aux-Français, une grande carte murale, une planisphère soviétique offerte un soir de beuverie. Sur cette carte, quelques territoires — les Kerguelen, Tahiti, la Nouvelle-Calédonie, les Antilles et Saint-Pierre-et-Miquelon — étaient marqués en rouge avec la mention : « territoires à libérer ».

Bref, je peux répondre à mon second mécanicien que j'ai la conscience tranquille, que j'ai fait mon boulot et que la balle est maintenant dans le camp de ceux qu'il faut bien appeler les responsables, même s'ils ont jusqu'à présent fait preuve d'une bien grande légèreté.

Le maître d'hôtel m'interpelle :

— Capitaine, il y a des officiers qui se plaignent.

— Ah bon, qu'est-ce qu'il y a encore ?

— Il y a quelqu'un qui a mis de l'eau de mer dans les carafes d'eau douce et le radio a du piment dans sa confiture.

— Si vous trouvez le coupable, n'hésitez pas à me prévenir.

Ce bon vieux Philippe se mit à sourire, il naviguait depuis trop longtemps avec moi pour ne pas savoir que le délinquant était tout près de lui.

Le cap vient d'être affiché sur l'entrée de la Manche. Le bateau a été toiletté pendant la traversée et on dirait qu'il a senti la France comme un cheval l'écurie. Immense soc de charrue, son étrave fend inlassablement la houle. C'est une navigation allègre qui nous ramène au port, comme si les hommes et le navire communiaient dans la même joie du retour et du travail bien fait. Je sais qu'un jour cette exaltation, qui efface toutes les fatigues du voyage, je la ressentirai pour la dernière fois.

Je ne crains plus rien de ce que la nature ou les hasards de la navigation peuvent mettre en travers de notre route. Je ne crains pas non plus le désintérêt des politiques. Nous y sommes habitués. N'ai-je pas vu en août 1983, alors que j'embarquais à Boulogne pour une campagne à la crevette, des chalutiers français livrer, pour les transformer en farine, des poissons d'espèce noble, en l'occurrence des églefins juvéniles. Cette destruction était financée par le gouvernement alors que, sur le même quai, un cargo argentin débarquait dans les entrepôts frigorifiques mille quatre cents tonnes de merlus pêchés dans les eaux argentines. Ce manège a, paraît-il, duré plusieurs semaines. Les Boulonnais repartaient inlassablement à la pêche de juvéniles, dont ils savaient qu'ils seraient détruits à l'arrivée. Quel paradoxe ! Et cela se passait à Boulogne, dans la ville du secrétaire d'État à la Mer.

Je n'attends ni ne crains plus rien des politiques. Je sais seulement qu'ils se rappellent de temps en temps à notre souvenir pour dire que les produits de la mer constituent le troisième poste déficitaire de notre commerce extérieur. En général, ils se rendorment tranquillement après cette pieuse incantation.

Ce que je crains le plus, c'est que l'argent vienne à nous manquer comme le vent à un voilier. Les financiers qui nous gouvernent ne sont pas gens à supporter longtemps la navigation à vue entre des quotas très aléatoires et des courbes de rentabilité plus capricieuses que le plus fou des baromètres.

A cause de cela, j'ai peur qu'un jour il ne nous reste plus que nos yeux pour pleurer et Notre-Dame-du-Verger pour prier.

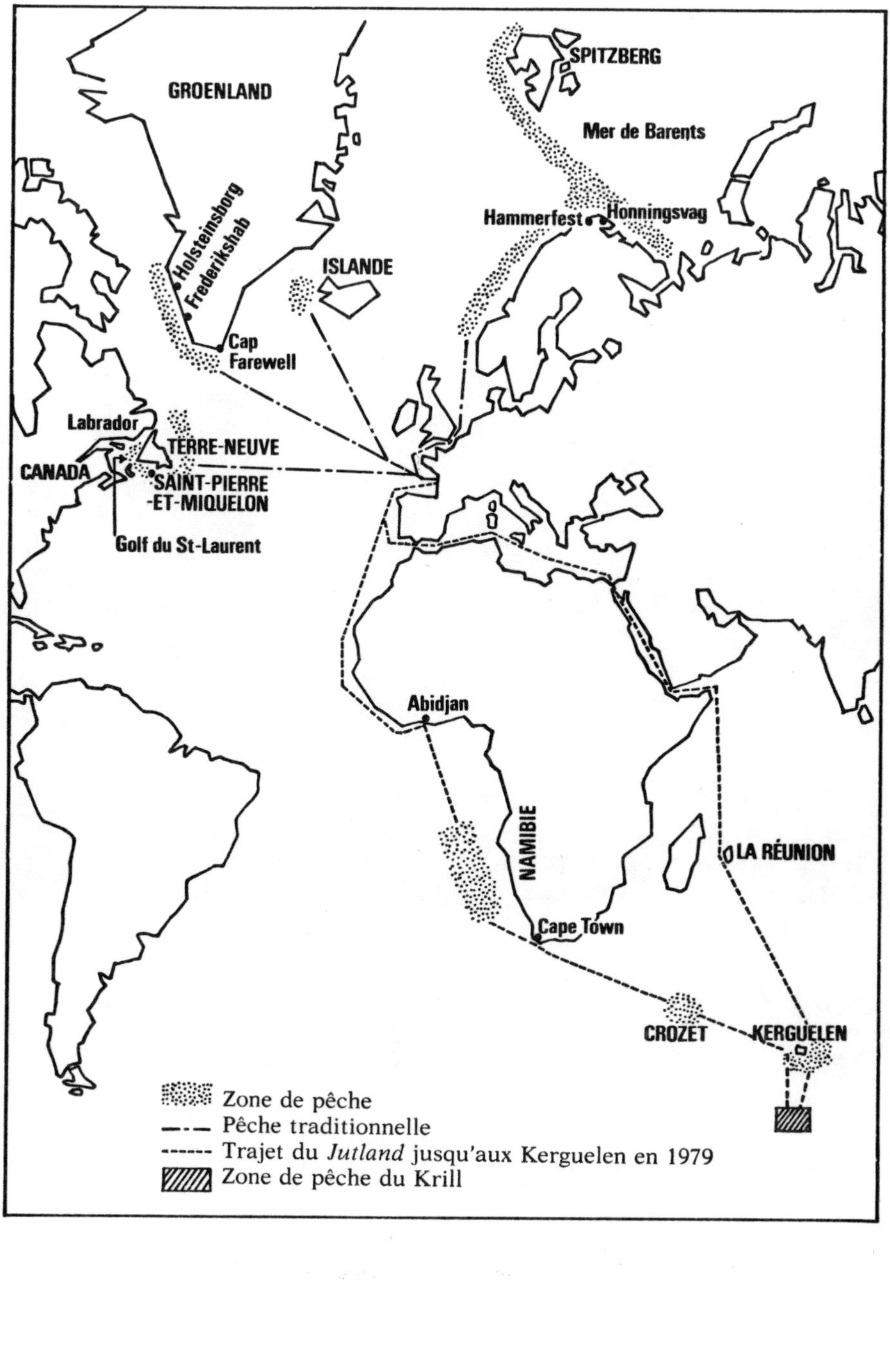
GROENLAND
SPITZBERG
Mer de Barents
Hammerfest
Honningsvag
Holsteinsborg
Frederikshab
ISLANDE
Cap Farewell
Labrador
TERRE-NEUVE
CANADA
SAINT-PIERRE -ET-MIQUELON
Golf du St-Laurent
Abidjan
NAMIBIE
LA RÉUNION
Cape Town
CROZET
KERGUELEN
Zone de pêche
Pêche traditionnelle
Trajet du Jutland jusqu'aux Kerguelen en 1979
Zone de pêche du Krill

L'auteur, Lionel Martin, renonce à ses droits d'auteur sur ce livre. Il a demandé à son éditeur que ceux-ci soient versés à la *Société nationale de sauvetage en mer* d'une part et à la *Caisse des péris en mer de Saint-Malo* d'autre part.

Remerciements

L'auteur tient à remercier toutes les personnes qui l'ont aidé, encouragé et conseillé dans l'élaboration de cet ouvrage, et en particulier son ami Pierre Cherruau qui l'a accompagné dans sa navigation à Terre-Neuve, aux Kerguelen et dans l'écriture du livre.

Forçats de l'océan

Table

Achevé d'imprimer en février 1986
sur presse CAMERON
dans les ateliers de la S.E.P.C.
à Saint-Amand-Montrond (Cher)

N° d'édit. : 140. N° d'imp. : 229.
Dépôt légal : janvier 1986.

Imprimé en France